Eva-Maria Busch

Bodenständig

Eva-Maria Busch

Bodenständig

Predigten und Meditationen

Fromm Verlag

Bodenständig

Hotel Giovanna, Gabicce Mare

Letzte Woche habe ich den Kleiderschrank meiner verstorbenen Mutter etwas ausgeräumt. Unter vielen schönen Kleidern, die sie mir hinterließ, fand sich eines, das auf einem großen Holzbügel hing. Als ich es herunternahm, konnte ich lesen, dass der Kleiderbügel den Namen eines Hotels trug, in dem unsere Familie früher viele Jahre hintereinander den Sommerurlaub verbrachte:
Hotel Giovanna, Gabicce Mare.
Seit 40 Jahren also hängt dieser Bügel im Kleiderschrank meiner Mutter. Damals hat sie ihn vermutlich versehentlich mitgenommen, dann aber sicher aus gutem Grund behalten, war er doch eine wichtige Erinnerung: An einen schönen Urlaub am Strand mit blauem Meer und unendlich großen Portionen Spagetti Vongole zum Abendessen. Ein Mann und Vater, der 3 Wochen Zeit hat für seine Kinder. Relaxen, Loslassen, Aufatmen.
Hotel Giovanna, Gabicce mare: Synonym für das Paradies, in dem du sein darfst, in dem du zur Ruhe kommen kannst, in dem du nicht getrieben wirst und tun musst, was andere dir vorschreiben. Gabicce Mare, Synonym für Wärme, Auftanken und gestärkt sein noch viele Monate nach dem Urlaub.
Meine Mutter hat das so empfunden- nein, unsere ganze Familie hat das so empfunden. Das war unser jährliches Glück!
Später fand ich es wieder, in anderer Gestalt: In der Kinderkirche, beim Weltgebetstag der Frauen, im Gottesdienst meiner Heimatgemeinde, in der Jungschar. Loslassen, da sein, sein dürfen wie ich bin, Zurücklehnen, Aufatmen. Was für ein Ort! Was für ein Glück!
Ich bin Pfarrerin geworden deshalb.
Und manchmal bin ich heute ziemlich gestresst und bleibe zurück hinter meinen Erwartungen und denen der Gemeinde. Und manchmal erlebe ich es auch in Kirchengemeinden, dass Menschen einander nicht zur Ruhe kommen lassen oder sein lassen können, was sie sind und wie sind. Ganz schön anstrengend!
Das sind dann Augenblicke, in denen ich mich wieder nach diesem Gabicce Mare sehne. Nur dass ich heute weiß, dass man Gabicce Mare viel öfter unter der Woche, unter' m Jahr, so zwischendurch finden kann, nicht einmal im Jahr und nur weit fort. Gabicce Mare ist mein morgendliches Schwimmen im Waldbad, das gute Buch auf dem Balkon, der Schwatz mit meiner liebsten Nachbarin, das Grillen mit Freunden, ein Kaffeenachmittag auf meiner Hollywoodschaukel mit den Kindern...und jemand, der mir im Namen Jesu sagt: Du bist mehr als Deine Arbeit! Und du brauchst nicht perfekt sein! Nicht immer alles können und tun. Auch nicht als Pfarrerin, weder moralisch noch in Glaubensfragen.

Hotel Giovanna, Gabicce Mare- Glück. Paradies. Ein Stück davon hängt jetzt in meinem Kleiderschrank. Vielleicht haben Sie auch so ein Teil, das Sie ab und an mahnt, zur Ruhe zu kommen? Wenn nicht, hängen Sie sich als Erinnerung für gelegentliche Auszeiten und Ruhepausen nicht nur im Sommer das Wort des Psalmbeters aus Psalm 127 in den Schrank oder über das Bett:

„Den Seinen gibt's der Herr im Schlaf!"

[1]

[1] Stuttgarter Gaishirtle auf dem Wochenmarkt, Foto Busch

Gaishirtle

Plötzlich stand sie vor mir: Die Kiste mit Stuttgarter Gaishirtle. Diese kleinen Sommerbirnen ,die ihren Namen einem Gaißhirt verdanken, der sie im 18.Jahrhundert entdeckte. Fast sehen sie wie Mostbirnen aus, unscheinbar und farblich nicht gerade anziehend; nur sehr selten bekommt man sie noch zu kaufen.

Leider!

In meiner Kindheit stand ein Gaishirtlesbaum in der Straße um die Ecke. Er trug im Sommer zentnerschwer Früchte, die niemand wollte .Die Leute kauften stattdessen lieber die schön anzusehenden, großen und teuren Früchte im Laden meines Vaters.

Wir Kinder aber taten uns gütlich an der Fülle dieser Zuckerbirnen, deren Baum in keinem Jahr aufhörte, Frucht zu bringen, süß, gut und im Übermaß. Die Taschen stopften wir uns voll und den Schulranzen....das kleine Gaishirtle erfreute unsere Herzen mehr als alle anderen Früchte zu dieser Jahreszeit.

Verbunden habe ich mit dem Gaishirtlesbaum denn auch immer jenes bekannte Gedicht: *„Herr von Ribbeck auf Ribbeck im Havelland, ein Birnbaum in seinem Garten stand"...*[2]vielleicht kennen Sie es? Es hat ja einen dramatischen Verlauf: Der *„von Ribbeck" verschenkt seine Birnen, sein Sohn jedoch „knausert und spart, hält Park und Birnbaum wohl verwahrt"...*doch der alte „von Ribbeck" hat ein Birne mit in den Sarg bekommen, die geht auf, trägt Frucht und *„im dritten Jahr aus dem einsamen Haus ein Birnbaum Sprössling sprosst heraus"* Und Jahre später haben die Kinder wieder ihre Freude an den guten Birnen: *"So spendet Segen noch immer die Hand des von Ribbeck auf Ribbeck im Havelland".*

Frucht bringen, im Leben und darüber hinaus. Nicht kleinlich sondern in Fülle. Nicht berechnend und nach dem „Warum" fragend, und nicht zur Schau stellend „Seht her, wie gut bin ich"! Nein, so eben nicht. Das zeigt mir das kleine unscheinbare Gaishirtle, und Theodor Fontane in seinem Gedicht: Auf einem still schenkenden, freundlichen Lebenskonzept liegt ein Segen.

Weil ich aber kein Gaishirtle bin und kein „Von Ribbeck", brauche ich Hilfen an die Hand, wenn mein Leben erfüllt, Frucht bringend, segensreich sein soll bis zum Ende. Es sind Hilfen, die Jesus von Nazareth mir vorgelebt und gepredigt hat: Weisheiten wie: Du kannst absehen von dir selbst; demütig anerkennen, dass der Mensch neben dir gleich viel wert ist wie du, etwas geben von dem, was du hast- jetzt- und nicht knausern: Mit

[2] Theodor Fontane,Gedichte,S.382

Freundlichkeit ,mit einem guten Wort, einer Einladung; einer kleinen Aufmerksamkeit, die einer nicht erwartet hätte und vielleicht doch auch mal mit einer Münze. Dann aber: Dir das sagen lassen, was du tun musst für ein segensreiches Leben; im Wort Gottes dir sagen lassen und hören darauf, immer und immer wieder. Und manchmal auch darum ringen. Das auch. *"Wer in mir bleibt und ich in ihm, der bringt viel Frucht",* heißt es im Johannesevangelium. Es möge geschehen! Reich, übermäßig, aber demütig und süß für dich und die Menschen neben dir. Eben wie beim Gaishirtle.

Sinn und Unsinn des Fastens

Als ich in diesen Tagen wieder einmal vor meinem Arzt saß, wusste dieser mir nach Blutdruckermessergebnissen und Laborwerten nichts Besseres zu sagen als dies: "Sie müssen abnehmen, Sie sind eine Risikopatientin! Achten Sie auf Ihr Gewicht!" Ich höre ja durchaus darauf, was meine Ärzte zu mir sagen, aber manches Mal erscheint es mir, als könnten diese gar nichts anderes mehr sagen, obwohl mein sogenannter Bodymassindex nun auch wieder nicht so unendlich hoch ist. Ich weiß, was ich tun muss, ich treibe Sport und versuche, mich gesund zu ernähren; dennoch habe ich ein Problem mit meiner Figur, seit ich verheiratet bin. Liegt es daran, dass ich keinen Mann mehr suchen muss? Oder mit anderen Worten: Jetzt ist dieses Kapitel Mann und Kinder erledigt, jetzt brauchst Du nicht mehr schön zu sein...Blumen verwelken auch, wenn die Bienen ihren Dienst getan haben.

Ja, als ich 18,19 Jahre alt war, da war das anders. Da war ich schön! Als ich unlängst ein Bild vom Abschlussball in Händen hielt, konnte ich kaum glauben, dass ich das war. "Mama, hattest Du damals Magersucht?" war denn auch prompt der Kommentar meiner Tochter. Nein, ich war nur hübsch und ich war schlank. Und dann habe ich geheiratet und zugenommen. Und das Problem mit den immer enger werdenden Hosen und Kleidern konnte ich dank meines Verdienstes denn auch mit immer weiteren Hosen und Kleidern aus teuren Boutiquen beheben. Dumm darf man ja nicht sein!

Auf Waagen stehe ich auch schon lange nicht mehr. Die öffentliche Waage im Hallenbad stimmt ja sowieso nie und in meinem Bad ist kein Platz für so ein Ding, weswegen es denn schon vor langer Zeit auf dem Sperrmüll landete. Ich habe sowieso keine Zeit, um mich ständig zu wiegen.

So muss eben mein Hausarzt das „A"-wort aussprechen, wenn er mich sieht: „Sie leiden an Adipositas!"

Weiß so ein Mensch im weißen Kittel eigentlich, wie schwer das Abnehmen ist? Vor allem für so einen genussvollen Menschen wie mich; eine Frau, deren Sohn Koch ist und die so unendlich gerne in der Küche steht, Kochkurse besucht und dann das Ganze auch selbst gerne isst?

Mein Hausarzt ist ja selbst eher ein ganz schmaler Kerl. Ich frage mich manchmal, ob er um die Verführung durch Pommes mit Majo weiß, ob er einen Leberkäs Wecken genießen kann oder Blutwürste? Mag er Tapas mit ganz viel frischem Weißbrot und Olivenöl obendrauf und Lammbraten mit Kartoffelgratin oder so einen richtigen herzhaften und

öltriefenden Kartoffelsalat? Nein-ich glaube nicht wirklich! Er wirkt eher schlank, konsequent, sportlich, rundum gesund und vor allem asketisch.
Sollte ich auch so aussehen? So leben?
Ich habe es ja schon unzählige Male versucht: Kartoffeldiät, Nulldiät, Fasten nach diesem oder jenem, Punkte zählen, Vorträge besuchen; sogar eine Kur habe ich gemacht. Es gibt ja unglaublich viele Möglichkeiten, wenn frau nur will! Der letzte Vortrag, den ich besucht habe, lautete „Eine Reise durch unser Verdauungssystem". Dabei wurde Kaffee und Kuchen angeboten. Ein anderer hatte die Überschrift: "Unsere Ernährung-unser Schicksal". Das klang mir sehr nach der Feuerbach' schen These, dass der Mensch eben ist, was er isst. Wer oder was bin ich, wenn ich am allerliebsten Schnitzel mit Pommes esse?
Sogar in einem evangelischen Sonntagsblatt bekam ich eine Anzeige über Blutdrucksenkende Knoblauchpillen zu lesen. Aber diese froh machende Botschaft, dass man oder frau auch gesund sterben kann, fand ich insgesamt nicht nur dort.
Wenn man es ganz ernstlich versucht, das Abnehmen, funktioniert es ja auch immer .Mal mehr, mal weniger. Ich nehme meistens hinterher wieder zu. Und während der Kalorienzählphase bin ich meistens sehr schlecht gelaunt.
Das letzte Mal kam mir die Erkenntnis, dass mein Hausarzt und sämtliche moderne BMI- und Körperkultbewegungen wohl schlimmer sind, als Klosterregeln und Bußübungen des Mittelalters.
Kein Beichtvater hätte seinerzeit einem Büßer auferlegt, was Kurzeitschriften, Apothekerblättchen und einschlägige Frauenzeitschriften jedes Frühjahr verordnen!
Man denke nur an Klosterlikör, Klosterbier und die Auswirkungen der fleischlosen Fastenzeit auf die Kochkunst bis zum heutigen Tage: Kaiserschmarren, Dampfnudeln und Maultaschen wurden erfunden; letzteres bei uns gewitzten Schwaben, die so das Fleisch vor dem Herrgott zu verstecken suchten.
Meine Mutter war katholisch und aus Wiesbaden. Die machte Fastenzeit auf schwäbisch-hessisch: Maultaschen mit Hackfleisch und Grünzeug gemischt gab es bei uns am Karfreitag. So war sie eben!
Zum Thema Fasten schreibt Wilhelm Busch schon:[3]

Man rechnet meistens zu den Lasten
das kirchliche Gebot der Fasten.
Man fastet, weil man meint, man muss.

---

[3] Wilhelm Busch: Der Heilige Antonius zu Padua,1870

Für Toni aber war's Genuss.
Bouillon und Fleisch und Leberkloß,
das war ihm alles tutmämschoß.
Dagegen jene milden Sachen,
die wir aus Mehl und Zucker machen
wozu man auch wohl Milch und Zimt
und gute sanfte Butter nimmt –
ich will mal sagen Mandeltorten,
Dampfnudeln, Krapfen aller Sorten
auch Waffeln- Honig- Pfannekuchen-
dies pflegt er eifrig aufzusuchen.

Ja, so kann man die Fastenzeit überstehen!

Ach ja, wie viele sitzen heute Morgen hier, die wissen, dass die Fastenzeit gestern begonnen hat?
Und wie viele halten sich daran? Mal ganz ehrlich!
Unsere katholischen Brüder und Schwestern schrauben am Herd jetzt vielleicht ein wenig zurück. Die wissen, was sie zu tun haben. Ganz wie der Heilige Antonius zu Padua: Nur noch Buttercremetorten, kein Fleisch mehr…
Aber unter uns: Ich denke schon, dass das Fasten einen Sinn hat.
Nicht nur, um wieder in die Kleider vom letzten Jahr rein zu passen.
Fasten, ein wenig hungern: Das ist gut für den ganzen Menschen.
Vorausgesetzt man behält seine gute Laune und den Humor dabei und wird nicht so miesepetrig.
Wer sich ausschließlich kasteit und in Askese ergeht, der hat doch jede Lust am Leben verloren, nicht wahr? Ich denke das oft, wenn ich einem Jogger begegne, der verbissen und verkrampft durch den Wald rennt, ohne dessen Schönheit und blühende Pracht zu bemerken. Das kann unser Herrgott auch nicht gewollt haben.
Und so ist es mit dem Verzicht in Bezug auf reichhalte Kost auch: Das müsste doch auch mit guter Lust und Laune und völlig unverkrampft gehen!
Oder man fastet und verzichtet einmal in einem völlig anderen Sinn.
Über das Verführt werden, Widerstehen und Verzichten lesen und hören wir aus dem 9.Kapitel des Markusevangeliums:

Wenn dich aber deine Hand zum Abfall verführt, so haue sie ab! Es ist besser für dich, dass du verkrüppelt zum Leben eingehst, als dass du zwei Hände hast und fährst in die Hölle, in das Feuer, das nie verlöscht. Wenn dich dein Fuß zum Abfall verführt, so haue ihn ab! Es ist besser für dich, dass du lahm zum Leben eingehst, als dass du zwei Füße hast und wirst in die Hölle geworfen.
Wenn dich dein Auge zum Abfall verführt, so wirf's von dir! Es ist besser für dich, dass du einäugig in das Reich Gottes gehst, als dass du zwei Augen hast und wirst in die Hölle geworfen, wo ihr Wurm nicht stirbt und das Feuer nicht verlöscht.
Ich finde, das ist ein ziemlich brutaler Text.
Jesus mahnt davor, sich verführen zu lassen.
Allerdings glaube ich nicht, dass er dabei Sahnetorte und Schweinsbraten vor Augen hatte.
Die Wörter „abschneiden, abhacken, wegwerfen“ fallen mit auf. Die Hand, das Auge, den Fuß…tut das nicht wahnsinnig weh? Und das andere was bitte ist genau mit „Sünde“ gemeint?
Vielleicht bin ich nun doch wieder in der Fastenzeit gelandet?
Ist nicht dies der tiefere Sinn dieser Zeit, dass wir etwas leisten und auf uns nehmen, was weh tut? Um den Leidensweg Jesu mitzugehen? Um –und sei es nur ein winziger Bruchteil- ein wenig von den Qualen nachzuvollziehen, die Jesus erleiden musste?
Und wenn es dies der tiefe Sinn dieser Zeit ist, dann ist doch ja nicht nur der Magen gefragt. Man könnte bis Ostern auch den Fernseher auslassen oder das Rauchen aufhören (Schüler und Konfirmanden könnten ein sogenanntes Unterrichtsfasten durchführen…aber wenn ich es recht bedenke, täte das ja nicht wirklich weh!?).Man könnte auch im materiellen Sinn verzichten, hergeben, spenden: Geld oder Sachwerte zum Beispiel. Und ich weiß, das tut einem Schwaben ganz besonders weh!
Vielleicht käme man dabei zu einer neuen Form der Besinnung auf innere Werte: Durch Schmerz und Verzicht zum wahren Glück. Oder, anders ausgedrückt: Der Mensch will gequält sein. Wenn es mir an irgendeiner Stelle weh tut, wache ich auf. Ich komme aus dem alltäglichen Trott heraus, bekomme einen anderen Blick auf die Welt. Wenn ich einen Schmerz erleiden muss, wende ich mich meinem Innersten zu; ich werde nachdenklich und emotional zugleich; ich werde wieder ich selbst, ganz unverstellt. Und dabei kann ich durchaus auch sehen, wer ich geworden bin und wo ich gefehlt habe; ich kann Ballast von der Seele werfen.
So verstehe ich, was Markus in seinem Evangelium schreibt. Es muss Zeiten geben, in denen du über dich nachdenkst, in denen du dich besinnst,in denen du kritisch in den

Seelenspiegel schaust und nicht mit Augen, Händen und Füssen im Weltgeschehen herumtappst.
Ich denke, das ist der Sinn der Fastenzeit: Dass ich alles hinterfrage, was mir sonst vielleicht zu wichtig ist. Und das tut schon weh.
Wilhelm Busch beschreibt das so:[4]

Das Zahnweh subjektiv genommen,
ist ohne Zweifel unwillkommen;
doch hat's die gute Eigenschaft,
dass sich dabei die Lebenskraft,
die man nach außen oft verschwendet,
auf einen Punkt nach innen wendet
und hier energisch konzentriert.
Kaum wird der erste Stich verspürt,
kaum fühlt man das bekannte Bohren,
das Rucken, Zucken und Rumoren-
und aus ist's mit der Weltgeschichte,
vergessen sind die Kursberichte
die Steuern und das Einmaleins.
Kurz jede Form gewohnten Seins,
die sonst real erscheint und wichtig,
wird plötzlich wesenlos und nichtig.
Ja, selbst die alte Liebe rostet-
man weiß nicht, was die Butter kostet-
Denn einzig in der engen Höhle
Des Backenzahnes weilt die Seele,
Und unter Tosen und Gebraus reift der Entschluss:
Er muss heraus!

Ein jedes Leiden, das dich ereilt, zwingt dich, die Welt und die Mitmenschen anders zu sehen. Ob du willst oder nicht. Jeder unter uns weiß das, der schon durch schwere Krankheit aus der Bahn geworfen wurde. Im Leid merkst du, was zählt im Leben. Was jetzt wirklich dran ist.
Um auf das Abnehmen, Hungern und Fasten zurückzukommen:

[4] Wilhelm Busch, Das Zahnweh,1865

Mein Arzt, den ich sonst sehr mag, ist mir nicht so wichtig, dass ich für ihn Hunger leiden würde.
Aber ich selbst bin mir so wichtig! So wichtig, dass ich einigermaßen vernünftig lebe mit Sport, ohne Alkohol und ohne Zigaretten; aber sicher nicht ohne Kartoffelsalat und Festtagsbraten. Auch in der Fastenzeit. Man mag darüber denken, was man will.
Den Leidensweg Jesu mitgehen, mir selbst „weh" tun, zur Besinnung kommen: Das mache ich auf andere Weise. Ich finde da schon meine Schwachstellen. Denn ich weiß um meine Achillesfersen und Versuchungen. Das gute Essen ist nicht die einzige. Eine große Versuchung für mich ist zum Beispiel der glaube, dass ohne mich nichts geht: Überall versuche ich zu organisieren und mich einzumischen und zu lenken und zu leiten und gebe –wie Pfarrer das gerne tun-vermeintlich kluge Kommentare von morgens bis abends. Vielleicht sollte ich darauf dieses Jahr verzichten und mir Zeit nehmen für meine Tochter? Auf eine ganz schlichte Weise?
Ja, ich denke, das versuche ich. Bis Ostern jedenfalls. Ich denke, das wäre ein Fasten, das Gott gefällt.

[5]

[5] Altarkreuz am Karfreitag 2011 in der Kirche in Z., Foto Busch

Groß seid Ihr geworden!

Liebe Konfirmanden, liebe Angehörigen, liebe Festgemeinde,
Mir scheint, aus Euch ist `was geworden! Groß seid Ihr. Und wie Erwachsene habt ihr heute Morgen Eure Sache auch gut gemacht. Wirklich.
Wie Ihr überhaupt eine wohlerzogene Truppe ward .Da wurden Gesangbücher aufgeräumt, Stühle an den Tisch geschoben; Euch haben die Mesnerin und ich sogar alleine auf die Empore sitzen lassen, weil Ihr Euch anständig benommen habt.
Und auch wenn Eure Eltern an dieser Stelle jetzt vielleicht platzen vor Stolz auf Euch-sie haben Euch ja erzogen, Euch vieles beigebracht-sagt doch ein altes Sprichwort:[6]

Um ein Kind zu erziehen braucht man ein ganzes Dorf.

Und ich denke, da ist etwas Wahres dran. Das Umfeld erzieht ja immer mit. So oder so.
Und unser Dorf und seine schönen und heimtückischen Seiten haben Euch in diesen 13-14 Jahren einiges beigebracht. Nicht bei jedem von Euch von Anfang an, aber was für W. gilt, stimmt auch für E. oder L.: Was ist es nun, was Euch euer Umfeld, Euer Zuhause lehrte?
Kleines und Großes, Wichtiges und weniger Wichtiges und Unsinn natürlich auch:
Ich will versuchen, es zu beschreiben:
Ganz am Anfang: Ich seh' ein paar von Euch noch bei der Taufe auf den Armen der Paten und Eltern. Manche haben nicht schlecht gebrüllt, als sie nass wurden! Manche habe ich getauft, andere mein Mann. Und auch wenn Ihr es nicht bewusst gemerkt habt damals, eher nur gespürt: Ihr seid wichtig. So wichtig, dass man Euretwegen ein richtiges Fest feiert. So wie heute ja auch.
Dann erinnere ich mich noch an Eure ersten Geh- und Krabbelversuche, zum Teil in der für Euch gegründeten Mutter-Kind –Gruppe oder auf der ersten Mutter-Kind-Freizeit in P.
Und immer war Platz im Dorf und drum herum, damit Ihr auf dem Bobby Car oder an der Hand der Mutter wackelig die Welt begreifen lernt. Und im Winter haben wir Eltern uns oft am S. stundenlang die Beine in den Bauch gestanden, damit Ihr Schlittenfahren lernt da oben.
Es war zu dieser Zeit, als für Euch der Kindergarten seine Türen öffnete.
Ich seh' Euch auf den Bänken da noch sitzen, und wir Mütter haben Euch die Schuhe gebunden und F. und K. und S. und all die anderen Erzieherinnen haben Euch das

[6] Verfasser unbekannt

Euch zu schützen: Vor dem Gespött der Leute, vor gesellschaftlicher Ausgrenzung, vor Unsicherheit. Ich habe etwas Bestimmtes an, also darf ich mich sicher fühlen!
Und natürlich haben immer Mutter und Vater dafür gesorgt, dass der Schutz auch da war. Sie haben diese Dinge gekauft und sie Euch angezogen...Ihr habt euch darauf verlassen können.
Und tut es noch. Sie schauen danach- noch!- dass Schuhe und Kleider in passenden Größen im Kleiderschrank sind.
Aber wie lange tun sie das noch?
Irgendwann ist es Zeit, das eigene Geld zu verdienen; Ihr habt dann einen Beruf. Ihr müsst diese ganzen Sachen selbst kaufen, selbst auswählen.
Dann passen diese Kleidungsstücke nicht mehr, diese Schuhe nicht mehr. Und vieles andere passt auch nicht mehr.
Mit der Kleidung kommt auch die Frage: Wer bin ich, wo will ich hin in meinem Leben, welche Menschen begleiten mich?
Dann braucht Ihr einen Schwarzen Anzug, einen weißen Arztkittel, einen Talar, bequeme Schuhe, Handwerkerhosen oder chique dezente Kostüme....und Ihr wohnt dann in eigenen Wohnungen ,macht eine Ausbildung, müsst Euch Beziehungen stellen...das Leben wird sich ändern. Anforderungen kommen! Oh ja!
Und wieder wird Schutz wichtig sein. Werdet Ihr ihn in euren Kleidern finden? Bei den Eltern, die vielleicht dann alt sind, die nicht mehr so für Euch da sein können wie früher? In festen Beziehungen? Werdet Ihr Euch an andere Menschen hängen?
Was schützt euch dann?
Neben den passenden Kleidungsstücken haben sich Eure Eltern natürlich noch viel mehr um Schutz und Fürsorge bemüht. Sie sind mit Euch zum Arzt gefahren, haben Windeln gewechselt, Schultüten gebastelt, sich Sorgen angehört. Aber sie haben auch bald gemerkt:
Irgendwann ist da ein Punkt, da habe ich es als Mutter und Vater nicht mehr in der Hand. Da muss über mein Kind noch ein anderer wachen. Und sicher gab es die eine oder andere schlaflose Nacht in Gedanken an Euch, in denen Eure Eltern gehofft und gebetet haben: Lieber Gott, pass auf meinen kleinen M. meine kleine S. ...auf... lass sie wachsen und gedeihen.
Und Ihr werdet merken im Laufe Eures Lebens, dass Euch passende Berufskleidung und Ausbildung und soziale Stellung und freundliche Menschen an Eurer Seite alleine auch nicht beschützen.

Und Eure Ellenbogen, Euer Durchsetzungsvermögen oder die große Klappe oder das hübsche Aussehen tun es auch nicht!

Was schützt euch, wenn Eure Eltern Euch loslassen- was sie hoffentlich tun-, wenn Ihr selbstständig werdet, wenn Ihr Euer eigenes Leben in die Hand nehmen müsst?

Ich dachte, ich gebe Euch heute vorläufig als Schutz ein T-Shirt mit auf den Weg.

Ist ja schon mal was!

Aber alleine der Stoff macht es ja nicht aus. Ich habe darauf drucken lassen, was ich hoffe, was Euch schützt:

Der Herr ,zu dem Ihr heute an eurer Konfirmation „ja“ sagt.

Darum steht auf dem T-Shirt groß vorne drauf: *„Harre des Herrn“,* nach einem alten Kirchenlied. Ich hoffe und wünsche für Euch, dass Er Euch beschützt, dass Ihr gelernt habt in diesem Jahr, dass Er kein böser Onkel ist, sondern ein guter Vater, dem Ihr Euch anvertrauen könnt, auf den Ihr harren, warten, dem Ihr euch anbefehlen könnt. Getrost. In allen Lagen.

Ich glaube, dann habt Ihr mehr Schutz, als bloßer Stoff auf der Haut bieten kann. Mehr Geborgenheit und Sicherheit als ein Mensch Euch geben kann.

Weil Ihr aber dies alte Lied auch beim ersten Blättern durch das Gesangbuch falsch gelesen und interpretiert habt, habe ich es mir nicht verkneifen können, das auch noch darauf drucken zu lassen, hinten auf das T-Shirt nämlich.

Ihr hattet nämlich statt *„Harre des Herrn“* gelesen: Die *„Haare des Herrn“.*

Und das steht jetzt hinten darauf!

Aber passt auch nicht schlecht, habe ich mir gedacht:

Wenn Gott ganz groß ist, hat er auch viele Haare, und die reichen für ganz viele Fellmäntel aus, um Euch ein Leben lang zu umhüllen. Ich finde, das ist ein schönes Bild. Und damit schließe ich.

[7]

[7] Gartentor in Z., Foto: Busch

Die kleinen Dinge

Ein Gartentor irgendwo in Z. Sehr niedrig ist es. Man muss sich tief bücken, um den Riegel zu finden und zu öffnen, damit man eintreten kann. Es ist kein Tor, das man einfach nur im Schwung aufdrückt. Ja, Man muss sich tief bücken.

Mir fiel ein Lied zu diesem Gartentörchen ein, das wir in der Kinderkirche singen. Da heißt es immer am Schluss: *„...weil Gott die kleinen Dinge liebt, weiß ich er liebt auch mich...“*

Ich fand das Bild passend für die Adventszeit, in der wir Gott im Kind in der Krippe erwarten. Sehnsüchtig singen wir die alten Lieder, auch dies: *O Heiland reiß die Himmel auf....wo bleibst du Trost der ganzen Welt....er ging aus der Kammer sein, dem königlichen Saal so rein.....*und so manch einer unter uns mag an den hell erleuchteten Häusern hinaufschauen zum Sternenhimmel. Kommt der Heiland von dort? Aus der Ferne? Wir warten auf seine Ankunft. Seinen Advent.

Und dann geschieht es:

Gott kommt in unsre Welt; Er selbst, den wir groß und erhaben nennen, bückt sich tief zu uns hinab und *„schleußt uns auf die Tür zum ew‘ gen Paradeis“*...ganz tief in unsere menschliche Existenz kommt der Allmächtige, schaut nach uns, lebt mit uns, liebt uns in all unserer schwachen menschlichen Existenz. Uns kleine Menschen.

In der ganzen Weihnachtsgeschichte wird es uns offenbart, auf wessen Seite Gott fortan steht: Auf Seiten der kleinen, unbedeutenden, machtlosen. Gott liebt die kleinen Dinge. Das ist so wie mit diesem Gartentürchen: Auf die kleinen Dinge muss man behutsamer achten, sie vorsichtiger handhaben, manchmal zweimal hinsehen, um sie zu erkennen und dann auch richtig einzuschätzen.

Adventszeit heißt darum auch für uns: Wir müssen uns tief bücken, um Gott im Kind in der Krippe erkennen zu können. Tief hinunter zu den kleinen Menschen, nicht allein den Kindern sondern vielmehr zu all denen, die unsere Gesellschaft klein macht und klein hält. Zu denen, die oft so gerne übersehen werden. Das sind die Einsamen und Schwerkranken, die Sterbenden...so viele sind gerade in dieser umglänzten Zeit alleine und im Dunkeln. Wir sollten uns an sie erinnern, so wie sich Gott an uns erinnert. Wir sollten sie wahrnehmen. Ihnen nachgehen. Freilich, bücken müssen wir uns dazu schon. Und von unserem manchmal hohen Ross heruntersteigen. So tief hinab müssen wir schauen lernen wie es uns jenes Gartentürchen vorgibt. Mindestens.

Dieser Weg

Liebe Brüder und Schwestern, ich gebe es zu,
manches Mal war der Weg in den vergangenen 16 Jahren nicht leicht! Manches Mal gab es Augenblicke, in denen die Bürde meines Amtes mir fast zu schwer war. Als ich von der ganz anderen Arbeit in den Jugendheimen H. herkam, in zwei selbstbewusste und gewachsene Gemeinden mit eigenen Vorstellungen.
Eine ganz andere Welt, die ich erst neu kennen lernen musste.
Da habe ich viele Fehler gemacht.
Dann die vielen Stunden Arbeit, - oft sah ich nicht darüber hinaus! Stunden, in denen ich mich selbst auch als Seelsorgerin in schweren Fällen ohne Trost und hilflos erlebte; schwere Entscheidungen, die mich bis in die Träume hinein verfolgten und belasteten, Kritik von unerwarteter Seite auch Auseinandersetzungen...
Dieser Weg war nicht immer nur leicht! Steinig und schwer war er mitunter auch!
Aber wem sage ich das: Sind nicht viele unter uns heute, die weit mehr als ich schlimme Wüstenstrecken im Leben zu gehen hatten? Gab es nicht in einem jedem Leben hier steinige, staubige Straßen?
Und was in der Vergangenheit war, gilt auch leicht für die Zukunft:
Dieser Weg wird kein leichter sein[8]. Wenn eine Krankheit quält, eine schlimme Diagnose trifft...wie wird die Zukunft?
Wenn es um berufliche Entscheidungen geht, finanzielle Überlegungen, Neuanfänge überhaupt. Wie wird die Zukunft?
Oder wenn in 3 Jahren W. und N., H. u. B. einerseits und E. und U. R. andererseits als Gemeinden zusammengehen werden?
Manch einer wird sorgenvoll denken: Dieser Weg, nein, er wird kein leichter sein...
Hören wir aus der Apostelgeschichte die Geschichte einer Begegnung auf steinigem Weg:
Der Engel des Herrn redete zu Philippus und sprach: Steh auf und geh nach Süden auf die Straße, die von Jerusalem nach Gaza hinabführt und öde ist. Und er stand auf und ging hin. Und siehe, ein Mann aus Äthiopien, ein Kämmerer und Mächtiger am Hof der Kandake, der Königin von Äthiopien, welcher ihren ganzen Schatz verwaltete, der war nach Jerusalem gekommen, um anzubeten. Nun zog er wieder heim und saß auf seinem Wagen und las den Propheten Jesaja. Der Geist aber sprach zu Philippus: Geh hin und

[8] Xavier Naidoo „Dieser Weg wird kein leichter sein“, Album: Telegramm für X.

halte dich zu diesem Wagen! Da lief Philippus hin und hörte, dass er den Propheten Jesaja las, und fragte: Verstehst du auch, was du liest? Er aber sprach: Wie kann ich, wenn mich nicht jemand anleitet? Und er bat Philippus, aufzusteigen und sich zu ihm zu setzen. Der Inhalt aber der Schrift, die er las, war dieser (Jesaja 53,7-8): «Wie ein Schaf, das zur Schlachtung geführt wird, und wie ein Lamm, das vor seinem Scherer verstummt, so tut er seinen Mund nicht auf. In seiner Erniedrigung wurde sein Urteil aufgehoben. Wer kann seine Nachkommen aufzählen? Denn sein Leben wird von der Erde weggenommen.» Da antwortete der Kämmerer dem Philippus und sprach: Ich bitte dich, von wem redet der Prophet das, von sich selber oder von jemand anderem? Philippus aber tat seinen Mund auf und fing mit diesem Wort der Schrift an und predigte ihm das Evangelium von Jesus. Und als sie auf der Straße dahinfuhren, kamen sie an ein Wasser. Da sprach der Kämmerer: Siehe, da ist Wasser; was hindert' s, dass ich mich taufen lasse? Und er ließ den Wagen halten, und beide stiegen in das Wasser hinab, Philippus und der Kämmerer, und er taufte ihn. Als sie aber aus dem Wasser heraufstiegen, entrückte der Geist des Herrn den Philippus, und der Kämmerer sah ihn nicht mehr; er zog aber seine Straße fröhlich.

Liebe Gemeinde,

manchmal sind es gerade die wüsten Straßen, auf denen sich die intensivsten Begegnungen ereignen. Zwei Menschen auf dem Weg. Zwei Menschen auf der Suche. Der eine kommt ganz aus Afrika und sucht Antworten auf die Fragen des Lebens:

„Was soll ich glauben in dieser Welt? Was kann ich glauben?“

Der andere kommt aus Jerusalem. Er ist einer der sieben ersten Diakone der christlichen Urgemeinde. Auch er auf der Suche. Er sucht Menschen. Er will erzählen von seinem Glauben. Von dem, was seit Pfingsten die Menschen erfüllt. Er will erzählen von dem, was seinem Leben Sinn gibt und es reich macht, von dem, was sein Leben trägt. Eine Begegnung auf dem Weg. Zwei Fremde stoßen aufeinander, werden aneinander gewiesen: *„Verstehst du, was du liest?“* „Wie kann ich es verstehen, wenn mir es niemand erklärt? Sag mir: Meint der Prophet mit dem, der unschuldig verurteilt worden ist, sich selbst oder einen anderen Menschen?“ „Er meint Jesus Christus.“

Eine Begegnung auf dem Weg. Sie werden viel mehr geredet haben in ihrer Kutsche auf der staubigen Straße zwischen Jerusalem und Gaza. Weggefährten für eine kurze Zeit. Sie sind sich vorher nie begegnet und sicher danach auch nicht mehr. Fragen und Antworten. Aber vor allem dies: Zwei Menschen auf der Suche, die einander begegnen, wahrnehmen, ernst nehmen. Und dann die Taufe. Ein Ereignis auf dem Weg. Keine Kirche, kein Taufspruch, keine Kerze. Eine Wasserstelle am Weg. Er tauft ihn. Die Taufe

besiegelt ihr Gespräch. Und beide geraten in Bewegung. Der eine verschwindet so rätselhaft wie er gekommen war. Und der andere? Er zieht seine Straße fröhlich. Und sein Leben sortiert sich neu.
Menschliche Begegnung, liebe Gemeinde, zufällig oder vielleicht gerade eben nicht. Kontakt, intensiver Austausch, aufeinander hören und einander von dem erzählen, was wir nicht verstehen.
Und was uns Mühe macht!
Begegnungen, Beziehungen, in die wir eingebunden werden, Nähe, die wohl tut. Liebe, die fröhlich weitergehen lässt .
So habe auch ich es erfahren in diesen vergangenen 16 Jahren:
Da wo mein Weg am schwierigsten war, war er doch angefüllt mit so viel guten Begegnungen, mit Wärme, Freundschaft, Treue:
Wie viele wunderbare geduldige Menschen haben mir bei der Einarbeitung damals geholfen, wie viel Solidarität habe ich erleben dürfen, gerade in der Zeit der Vakanz -aber auch davor und danach immer wieder: Verständnis, Tatkraft, Gebete gab es für mich, Besuche, Blumen und immer wieder taten sich Türen auf, konnte ich meinen Weg weitergehen, getrost und fröhlich, ja sogar lauthals lachend.
Begegnungen auf Wüstenwegen.
Fürchte dich nicht, sagt Gott, und schickt uns Menschen zur Seite immer wieder und vor allem dann, wenn wir gar nicht damit rechnen.
Menschen, die mitfiebern, mitleiden ,mit überlegen und mitragen. Menschen, die Kaffee kochen und sich Zeit nehmen , die zuhören und den Arm auf die Schulter legen. Menschen ,die still und unaufdringlich an unsere Seite treten und selbst nicht besserwisserisch und belehrend daherkommen.
Menschen wie Philipus, die sich auf gleiche Augenhöhe zu uns begeben und: Mitgehen, mitfahren, manchmal kurz und dann doch auch wieder über lange Wegstrecken. Menschen, die gesandt sind von Gott, die zeichenhaft dafür stehen, auch wenn sie selbst das vielleicht nicht wissen, dass er auf unseren Lebenswegen da ist, sichtbar, greifbar ,verlässlich.
Dass er mit uns gehen will und mit uns leidet, ganz egal, was auch geschieht.
Und dass er uns hält. Bis ans Ende unserer Tage und darüber hinaus.
Und bis ans Ende dieser Welt.
Natürlich, das andere weiß ich auch: Nicht immer und überall führen unsere Begegnungen und Beziehungen zu einer Taufe, zum Glauben so wie wir das vielleicht gern hätten.

Übrigens auch nicht unmittelbar zum dauerhaften Kirchgang! Ich hatte so viele gute Begegnungen und nicht alle endeten unter meiner Kanzel. Leider!
Aber sie führten zu einem Wegstück von Leben, das ich trotz aller Stolpersteine fröhlich gehen konnte.
Und ich glaube, das gilt denn auch weiter für einen jeden und eine jede unter uns.
So viel zu meinem Weg und zu den Begegnungen hier, im Dekanat, in den Dörfern, in meinem Leben. Ich habe das Gefühl, reich von dannen zu ziehen und gehe darum fröhlich meiner Wege auf steinigen und auf schönen Straßen.
Ich nehme mit, was ich erfahren habe und möchte in ihren Herzen zurücklassen, was ich erfahren habe:
Im Glauben an den mitgehenden und tragenden Gott ,der Auseinandersetzung mit seinem Wort, und den Begegnungen mit so vielen verschiedenen, wunderbaren Menschen bietet dieses Leben so unendlich viel mehr, als wir denken!

Kaninchen und mehr

Liebe Gottesdienstbesucher, liebe Festgemeinde,
ein Gruß an alle hier im Festzelt von der evangelischen Kirchengemeinde Z. aus, die als einzige Gemeinde weit und breit- jedenfalls soweit wie ich das weiß, den Hahn nicht auf dem Kirchturm oben darauf hat sondern Henne, Hahn und Küken dick und fett gleich am Brunnen im Eingangsbereich der Kirche als Gruß zu unserem Örtlichen- wie wir hier sagen - Hennenverein...obwohl ja jeder weiß, dass das nur der halbe Name ist. Richtig ist ja Kleintierzüchterverein!
Also liebe Kleintierzüchter,
was sage ich Euch von dieser Stelle hier oben aus Vernünftiges, Praktisches- was gebe ich euch heute Morgen, am Morgen –auch des Jubiläums mit?
Ich fange mal mit etwas an, was Ihr alle kennt:
Kleintiere: Kaninchen, Hasen, Geflügel, Tauben.
Ich kenne sie auch ein wenig, nicht sehr, aber nun ja....also ein Kaninchen mit einer schönen Soße auf italienische Art, Pasta dazu, das müsst Ihr mal versuchen!
Oder so eine dicke fette Henne ,nicht nur Chicken Macnuggets, sondern eine große, mit so richtig schönem weißem Fleisch ..oder Täubchen in Rotweinsoße, oder Wachteleier...köstlich!
Ich höre auf! Wir sind ja nicht in einer Kochshow heute Morgen.
Ja, ich kenne Kleintiere auch. Ich mag sie wirklich sehr! Auf meine Weise.
Und die Bibel. Die Bibel kennt sie auch.
Da kommen Tauben vor: Das zumindest werdet ihr alle kennen. Die berühmtestes ist die Taube, die Noah aus der Arche fliegen lässt, um zu prüfen, ob sie Land findet und das Wasser der Sintflut weg ist.
Im Neuen Testamen dann: Da kommt sie als Symbol für Gottes Geist herab auf Jesus bei der Taufe im Jordan. Jesus sagt später: *Seid ohne Falsch wie die Taube.* Sie ist Symbol für Reinheit, für Frieden seit dieser Zeit.
Anderes Geflügel?
Haben wir auch: Nun, Wachteln finden wir in der Bibel. Allerdings weniger als Ausstellungstier, sondern hauptsächlich als Nahrung für das in der Wüste wandernde Gottesvolk.
Henne....vielleicht wird Gott mit einer Henne oder Glucke verglichen im Psalm 91 wo es heißt: *Er wird dich mit seinen Fittichen decken und Zuflucht wirst du haben unter seinen Flügeln.*

Den Hahn finden wir im *Hahnenschrei* in der Nacht, als Petrus Jesus verrät.

Was den Hasen betrifft so muss ich euch leider sagen, dass er für die Schreiber des Alten Testamentes und das jüdische Volk überhaupt ein unreines Tier war und ist, also nur in einem Verbot vorkommt, das lautet: *Den dürft ihr nicht essen.*

Was für ein Glück für mich, dass Jesus dies Verbot aufgehoben hat als er sagte:

Nur das macht den Menschen unrein, was aus ihm rauskommt, nicht was in ihn reinkommt, also, was er schluckt....

Aber ansonsten gibt es da explizit eher weniger kleine Tiere...Hamster schon gar nicht, Mäuse ja, Schlangen auch, Ungeziefer...Vögel wie Falken und Adler und ansonsten wird alles unter wildem Getier oder Getier oder Vögel des Himmels subsumiert. Darüber hinaus haben die es mehr mit Schafen und Ziegen und die passen nicht so gut ins Kleintierzüchterprogramm.

Das zum Thema: Was die Bibel kennt, und was ich kenne.

Aber jetzt komme ich zu einem ganz anderen Gesichtspunkt heute Morgen, der mir erwähnenswert ist für ein Treffen wie dieses:

Dem Bundesjugendtreffen. Und den schon lange währenden immer wiederkehrenden Treffen der Züchter.

Ihr trefft Euch, soweit ich das sehen kann, ja nicht nur heute.

Das Festzelt steht schon ein wenig länger und auch sonst ist bei den Kleintierzüchtern immer etwas geboten.

Da gibt es das ganze Jahr über Ausstellungen, Leistungsschauen, Treffen.

Und weil Ihr Tiere habt, die andere Tiere brauchen, also –Ihr wisst, es ist die Sache mit Männchen und Weibchen - braucht Ihr einander gewissermaßen.

Und weil Ihr Kleintiere habt, braucht Ihr etwas darum herum...das ist nicht wie beim Autorennen, bei dem jeder in seiner Kiste hockt und Gas gibt, sondern da braucht man viel Platz. Und weil da viel Platz ist, ein Käfig, ein Grünstreifen, ein Stuhl, kommt noch ein Stuhl und noch einer und bald sitzt man eben nicht allein und dann kommen andere....so wie ich das sehe, ist Gemeinschaftspflege automatisch mit der Kleintierzucht verbunden, wenn auch so manch einer vor lauter Tieren die Menschen nicht mehr sieht. Mit Verlaub, das wisst Ihr, das gibt es auch. Übrigens auch bei Hunde oder Pferdebesitzern- vor allem, wenn sie dann auch noch alleine leben. Da wird das Tier schnell zum Ersatz für menschliche Nähe.

Euch ist Gemeinschaft ist wichtig!

Aber wir wären heute nicht hier, wenn Ihr für diese Gemeinschaft nicht auch noch etwas anderes bräuchtet, als diese Utensilien und ein paar schöne Tiere .Ich denke Ihr braucht

auch noch einen guten Gedanken, den Ihr mitnehmen und über den Ihr weiter nachdenken könnt und sollt.
Wenn Ihr vor Eurem Geflügel, euren Rassehühnern oder den sogenannten „weißen Riesen“ steht und sie auf den Arm nehmt, dann schaut Ihr sie ganz genau an. Wie ist der Wurf, das Gelege?
Welche Statur hat der Hahn? Ist sein Kamm so, wie für die Rasse als 1a vorgeschrieben? Und die Augenfarbe des Hasen, ist sie perfekt? Das Gefieder der Taube, der Henne, wenn man es auseinanderzieht, wie sind die Federn, vielleicht schneidet ihr das eine oder andere vor einer Ausstellung zurecht, schön soll es dastehen. Prächtig. Ihr möchtet stolz sein auf eure Tiere, darum kümmert Ihr euch, Ihr hegt und pflegt.
Die Sch.....also, den Mist den sie machen, räumt Ihr weg, sie sollen sauber im Stall sitzen. Gerne tut Ihr das, denn Ihr liebt eure Tiere.
Wie Ihr das Tier in Eurer Hand haltet und tragt, So sagt Psalm 91, tragen uns Gottes Engel in der Hand. Wir sind gehalten von unserem Schöpfer. Mit einem Unterschied:
Steht bitte einmal auf!
Nun schaut einander an! Haare, Augen, Statur. Hat nicht euer Gegenüber einen zu dicken Bauch? Die Haare, sind sie von Natur aus perfekt, voll, glänzend, oder wurde nachgeholfen? Wie ist die Haut? Sauber oder pickelig?
Schaut einander an!
(Gottesdienstbesucher werden aufgefordert, aufzustehen und sich anzusehen)
Nein, ich glaube bei einer Ausstellung würde keiner von uns einen Preis bekommen.
Noch nicht mal bei Germanys Next Top Model gelingt das jedem noch so hübschen Mädchen.
Und dennoch ist keiner von uns Ausschussware oder Weglegesache.
In Gottes Hand ist ein jeder von uns 1a wertvoll! Wir sind perfekt, schön, wertvoll, auch wenn wir das selbst nicht sehen, wenn wir morgens im Spiegel stöhnen, wenn andere uns ablehnen wegen unsers Äußeren....und es sind auch nicht nur die inneren Werte, die Gott anguckt, so wie wir das uns zum Trost einander gerne sagen: *Ha der sieht halt dumm aus aber er hat ein gutes Herz!*
Gott fragt nach unserem Herzen, das ist ihm wichtig, aber nicht in dieser Weise.
Er ist unser Schöpfer, *er hat uns gemacht und nicht wir selbst zu seinem Volk und zu Schafen seiner Weide, so heißt es ihm Psalm 100*, und so bekennt es unser Glaubensbekenntnis, so steht es in den ersten Worten die die Bibel uns überliefert: Wir sind Geschöpfe, wir sind Geliebte. Gewollte....ganz besondere Kaninchen, Hennen...ganz besonders Gehütete!

Es ist, als ob er uns über das Haar streichen würde, als wäre es schimmernde Seide, als würde er uns in der hohlen Hand halten wie ein frisch geschlüpftes Küken. Unseren Wert sprechen uns nicht andere zu, unser Wert entsteht nicht durch das, was wir von uns aus erbringen oder tun, sondern allein aus dieser Tatsache, Gottes Kind zu sein. Er liebt uns so, dass er auch den Stall ausmistet, den ...Sch.... wegmacht, den wir fabrizieren.

Mein Sohn, sagt er auf Golgatha in der Nacht, als ein Hahn dreimal kräht, gehe hin, erlöse diese meine Geschöpfe von ihrem Mist und lasse sie wieder sauber dastehen.

Tu es ein für allemal.

Wäre doch mal etwas anderes, sein zu dürfen, einfach nur sein zu dürfen! In seiner Hand. Unter seinen Flügeln.

Ob wir daran glauben, oder uns wohlfühlen bei dem Gedanken, erlöste und geliebte Menschen zu sein ist eine andere Sache. Es würde unser Leben eventuell doch lebenswerter machen es zu tun! Ich wünsche es Ihnen, Euch, mir!

9

[9] Skulptur vor der Kirche in Z., Foto: Busch

Nägel mit Köpfen

Ich habe Euch heute etwas mitgebracht: Vielleicht könnt Ihr es von da, wo Ihr seid, nicht richtig sehen. Es ist ein krummer Nagel. Einer ,der schon einmal in einem Stück Holz steckte, so ein richtig rostiger, alter, schlimmer Nagel.
Er wurde einmal in ein altes Brett reingehauen und brachte mit vielen anderen Nägel eine Bretter- Bude zustande Treffpunkt für einige N`stetter Kinder. Und das habe ich mir sagen lassen, das ward Ihr einmal. Jedenfalls die meisten von Euch.
Viel Spaß werdet Ihr dabei gehabt haben: Beim Hütten bauen; so mancher wird sich einen blauen Daumen gehauen oder sich Splitter in den Finger gerammt haben. Aber es hat Euch Spaß gemacht. Und Ihr habt anscheinend lange Zeit immer wieder daran herum gebaut.
Ihr alle, die Ihr nun heute Morgen hier sitzt, habt in den vergangenen Jahren Nägel reingehauen .Nägel mit Köpfen: Die richtigen, Stahlnägel. Da werdet Ihr bald gemerkt haben, wie wichtig so ein Nagel ist, was der alles zusammenhalten kann und muss. Dann aber auch im medizinischen Bereich: Wer schon mal einen Oberschenkelbruch oder ähnliches hatte, weiß einen Nagel ganz neu zu schätzen!
Und dann gibt es noch die anderen Nägel: Im übertragen Sinn. „Nägel reinhauen", das sagt man ja bei uns, wenn jemand etwas ganz besonders Ausgefallenes, Markantes gesagt oder getan hat. Etwas ,das bleibend im Gedächtnis ist : Z. B. Nägel wie den Fünfer in Mathe, oder Nägel -wie besondere Spitznamen, die Ihr füreinander erfunden habt -oder mit markanten Dingen, die Ihr einmal angestellt habt ,und an die sich Eure Eltern, Großeltern und Paten an so einem Tag ganz besonders erinnern .
Das sind dann so Sachen wie : Einmal besonders spät nach Hause kommen, Klamotten ,die total ausgeflippt waren ,bei deren Anblick eure Mütter die Krise bekamen, Aussprüche ,als Ihr noch ganz klein ward ,so Sätze wie der meiner Tochter : "Mama, wenn ich dich so sehr drücke, wie ich dich liebe, dann platzt Du!" na da war sicher der eine oder andere große Nagel bei Euch sicher dabei!
Ihr, liebe N'stetter Jungs und Mädels, habt auch bei mir Nägel reingehauen im vergangenen Jahr:
Mit Sätzen wie: "Nein, nicht schon wieder auswendig lernen!", oder bei der Lektüre des Markusevangeliums mit Sätzen wie: "Heut sollten mal die Mädchen alleine lesen!", dem obligatorischen 10 -Minuten- zu- spät- kommen, mit Eurem Gekicher und natürlich mit den blauen Oberschenkeln, die Ihr mir -äh manche von Euch mir bei unseren Spielen gehauen

haben. Ganz sicher aber habt Ihr im Laufe der Zeit Nägel mit Köpfen gemacht, als ich nämlich gemerkt habe, was für eine nette Truppe Ihr seid.

Nägel reinhauen oder Nägel mit Köpfen machen.

Ich habe versucht- vielleicht habt Ihr es ja gemerkt- im vergangenen halben Jahr das auch bei Euch zu tun.

Na, ja, ich weiß, jetzt werdet Ihr sagen : Mit Kugelschreibern hat sie geworfen und Gottesdienst –Besuchs- Kärtchen verteilt und uns zum Pizzaessen 25 km in 4 Stunden laufen lassen und behauptet, sie würde in der Konfirmationspredigt genau sagen, wie oft jeder einzelne im Gottesdienst war. Das waren schon Nägel mit Köpfen!

Ich hoffe jedoch, dass Ihr Euch auch noch an all die anderen Nägel erinnert!

Die nämlich, die ganz wesentlich sein werden für die Gestaltung und das Gelingen Eures Lebens.

Mit denen hoffe ich, werdet Ihr euer Lebenshaus bauen.

Und werdet hoffentlich auch merken, wie gut das Lebenshaus zusammenhält!

Nehmen wir z.B. den Nagel des Elterngebotes:

Dass das nicht heißt, dass man- die Eltern mögen es mir hier verzeihen- in der Pubertät zu allem Ja und Amen sagt, was die Eltern wollen, sondern dass das in erster Linie heißt, dass man da ist für die Eltern, wenn sie alt werden.

Das ist ein ganz dicker Nagel im Christentum und in eurem Lebenshaus. Das werdet Ihr an Eure Kinder weitergeben und so wird eine Generation für die andere da sein können. Das ist - wenn man so will- ein Generationenvertragsnagel oder weiter gefasst auch ein Gemeinschaftsnagel .Um zu sehen und zu wissen ,dass der ganz wichtig ist, braucht man noch nicht mal besonders fromm zu sein.

Der andere Nagel- um bei den Zehn Geboten zu bleiben :

Der „Sonntagsheiligungsgebotsnagel".

Wenn der bei Euch drin steckt, jetzt nach der Konfirmandenzeit, in der Ihr hunderttausendmal in den Gottesdienst gegangen seid, dann schmerzt er Euch in Zukunft hoffentlich immer. Z.B. dann, wenn Ihr als Erwachsene am Sonntag Büro aufräumen wollt oder wenn Ihr an diesem Tag die Familie sich selbst überlassen wollt.

Dieser eine freie Tag ist ein Grundschatz der Christenheit .Er soll da sein für Familie, für Freunde, für Euch selbst .Zur Erholung, zur Beziehungspflege - und dann natürlich für Gott. Nämlich um ihm für all das was man ist und hat zwischendurch mal zu danken.

Haltet den Sonntag hoch, Euretwegen!

Damit verbunden hoffe ich, sitzt bei Euch noch ein anderer Nagel: Der des ersten Gebotes: *Ich bin der Herr dein Gott*, so ist es überschrieben: Und für mich- und für Euch heißt das: Nichts und niemand kann Herr über Euch sein, nichts und niemand kann Euch mehr trennen von Gott. Darum: Du sollst- und du wirst keine anderen Götter brauchen, wenn du das entdeckst, weder menschliche Idole noch Trost und Hilfe aus Drogen oder materiellen Tröstungen jedweder Art.

Drei von vielen Nägeln, die hoffentlich sitzen! Im Langzeitgedächtnis.

Liebe Konfirmanden,

das Leben wird Euch in Zukunft formen. Es wird seine Spuren hinterlassen auf Euren Seelen und in Euren Herzen und mitunter auch in Eurem Körper. Es wird Euch so manche Wunde schlagen; manch ein Nagel wird da wehtun: Der erste Liebeskummer, Prüfungen, oder erfolglose Bewerbungen und vieles mehr...

Ihr werdet mit Verlusten umgehen lernen müssen und mit Ängsten und mit Schuld.

Aber das allein braucht die Gestalt Eures Lebenshauses nicht zu bestimmt. Es muss keine Bruchbude werden deshalb.

Entscheidend ist dabei ,mit welchen Nägeln das Haus eben noch zusammengehalten wird; und ob Ihr von Zeit zu Zeit das Haus überprüft und wartet, ausbessert, solide neue Nägel und neues Baumaterial heranschafft. Fertig wird es- das kann ich Euch aber dabei gleich sagen- nie wirklich! Ihr müsst in Arbeit daran bleiben! Und es kann auch niemand für Euch tun.

Einen großen Helfer aber habt Ihr dabei. Gott! Er verspricht Euch am heutigen Tag, dass Er bei Euch sein und bleiben wird, ganz egal, was noch kommt.

Als Zeichen und zur Erinnerung daran, dass Er das Haus Eures Lebens sicher und solide zusammenhalten will, schenke ich Euch heute Nägel. Sie kleben bereits an den Konfirmationsurkunden, die Ihr nachher bekommt .Denkt dabei an Eure Kindheit mit der Bretterbude, an Eure Konfirmandenzeit und meine Nägel mit Köpfen- und denkt an Gott.

Was für ein Christbaum!

Da ist etwas, was mich beschäftigt, jetzt, da es Weihnachten geworden ist und Heiliger Abend…nun kurzum, die Sache war so:
In der Woche vor dem 1.Advent hatten wir da diese kleine, feine Auseinandersetzung.
Es sollte um die Kirche herum alles besonders schön sein, natürlich auch in der Kirche, aber vor allem drum herum, weil wir diese allererste Z. Dorfweihnacht hatten.
Marktstände waren geplant, der Herr B. wollte seinen großen Schirm stellen, wegen des schlechten Wetters, unsere Kirchentüren hatten wir frisch streichen lassen, einen wundervollen Adventskranz hatte die Frau H. in Petto…
und dann kam der Bauhof und wollte –zunächst der Einfachheit halber diesen großen Tannenbaum vor der Kirche mit seinen Lichterketten schmücken.
Und damit fing alles an!
Eigentlich, so sagten wir uns, ist das kein Baum, den man schmückt. Er ist zu dürr, er verliert das ganze Jahr über jede Menge Nadeln, er ist eine Gefahr für die Nachbarn, wenn der Sturm über Z. hinwegfegt, er hat keine ausladenden Zweige und eigentlich sieht er gar nicht nach einem Christbaum aus! Den, nein den kann man nicht wirklich schmücken! Der macht nichts her! Da machen wir uns zum Gespött der ganzen Ostalb .Da stellen wir lieber erneut vor der Kirchentür einen traumhaft schönen Baum auf, den bitte der Bauhof auch wie all die Jahre zuvor irgendwo im Wald holt. Dieser Baum hier, der taugt nicht!
Und dann blieb der Bauhof bei seinem Vorhaben.
Vielleicht, weil die K'ler nicht minder stur sind als die Z'ler? Oder weil ich selbst nicht in der Lage war, stichhaltige Argumente vorzubringen und weil ich ehrlich gesagt auch noch andere Dinge zu regeln hatte als die Frage nach dem passenden Christbaum…..
Kurz und gut: Dieser viel zu große, viel zu dürre, viel zu gefahrvolle, viel zu wenig ausladende Baum wurde mit 5 oder 6 Lichterketten versehen bis hinauf zur Spitze…
Und an dem Abend, als er das erste Mal leuchtete, verschlug es uns allen die Sprache:
Weithin sichtbar strahlt er über Z. hinaus. Die Kirche selbst noch wird in warmes Licht getaucht durch seine Strahlen, er ist nicht nur der am höchsten gelegene sondern auch mit Sicherheit größte Christbaum der Ostalb, wenn man von dem am A- bad absieht; aber der steht auch auf einem Dach.
Jeder im Dorf spricht mich auf diesen Baum an, alle sind begeistert, auch die- zu denen gehörte ich auch- die den Baum im Sommer noch fällen wollten.

Nein, so einen schönen Christbaum fällt man doch nicht! Einen Baum, den man sogar noch im Neubaugebiet sehen kann, ja bis hin nach I...weiler durch den Wald hindurch, der traumhaft leuchtet ,wenn man in nebliger Dämmerung am frühen Abend oben am Waldrand entlanggeht, wie ein Fingerzeig nach oben, wie ein Statussymbol: Das hier, das ist der Z'er Christbaum, das hier, das ist die Kirche!
Hier spielt die Musik!
Dieser alte, seltsam gewachsene Baum. Ich glaube gar, niemand mag ihn mehr fällen.
Auch die Nachbarn nicht. Ich auch nicht.
Wie Dinge sich doch ändern können. Mit Lichtern bekränzt sehen sie schon ganz anders aus. Schön. Strahlend, machen auf einmal Freude. Werden zur Augenweide.
Ist doch wie Weihnachten, denke ich mir. Ist doch, liebe Brüder und Schwestern, wie mit uns Menschen auch:
Wie krumm gewachsen sind wir denn? Wie viele Fehler haben wir?
Manch einer unter uns mag sich wohl herausputzen wie ein Christbaum, ist aber innen drin morsch und faul. Oder doch zumindest nicht mehr ganz frisch.
Und wie viele gibt es, die ganz und gar nicht so sind, wie man sie haben will, die –mich eingeschlossen- Nadeln lassen, von Jahr zu Jahr ein paar mehr.
Oder die von Anfang an ein bisschen schief gewachsen sind, zu große Füße, zu wenig Intellekt und Begabung, schiefe Zähne oder einen empfindlichen Magen oder alles zusammen. Beziehungsunfähig die einen und engherzig andere, klammernd und rechthaberisch oder kaltschnäuzig....nun ja, Sie wissen es ja selbst, wie Sie sind, jedenfalls, wenn sie ehrlich sind. Fehler haben wir alle! Und wenn Sie die Adventszeit- die traditionelle Zeit der Einkehr und Innerlichkeit als solche begangen haben, haben sie es sicher auch schmerzlich gemerkt. Dass sie- um es mit den Worten eines großen Theologen zu sagen:
Dass Sie aus einem krummen Holz [10]gemacht sind.
Im Grunde doch wie dieser alte Baum da vor der Kirche.
Und jetzt weihnachtet es.
Das Evangelium erzählt es uns Jahr für Jahr immer mit denselben Worten. Ein Kind ist geboren. Gott wird Mensch. Oder, wie es Paulus in seinen Briefen dann schon theologisch reflektierter ausdrückt: *Er- Jesus Christus- nahm Knechtsgestalt an und wurde gleich wie alle anderen Menschen, er erniedrigte sich selbst ....Gott ist offenbart im Fleisch, erschienen den Engeln.*

[10] Helmut Gollwitzer: Krummes Holz-aufrechter Gang, Kaiser Verlag

Auf gut Deutsch: Hereingekommen in diese Welt ist Gott.

Er sitzt nicht mehr länger als Richter von außen über sein mangelhaftes Geschöpf, betrachtet, urteilt, schimpft und straft. Gott sieht in seinem Sohn die Innenseite dieser Welt und teilt sie. Trägt das Antlitz eines sterblichen, fehlerhaften, schwachen Menschen. Gott wird Mensch und damit, liebe Gemeinde am Heiligen Abend, damit geschieht das Wunder, dass wir trotz all unserer Macken auserkoren werden, dass wir bekränzt werden wie dieser alte Christbaum und zu Ehren kommen und wunderschön aussehen.

Was ist der Mensch, dass du seiner gedenkst und des Menschen Kind, dass du dich seiner annimmst? Du hast ihn wenig niedriger gemacht als Gott, mit Ehre und Herrlichkeit hast du ihn gekrönt.

An dieses Wort aus Psalm 8 muss ich –Predigtordnung hin oder her- immerzu denken, wenn ich an dem knorrigen Baum vorbeifahre. So ist es:

Gott krönt uns Missgeburten indem er unser Leben teilt. Er krönt es mit dem Licht der Ehre und Herrlichkeit. Vor ihm stehen wir da leuchtend schön; wir kommen zu Ehren, auch wenn wir noch so viele Nadeln lassen und wahrlich aus krummem Holz sind. Denn sein Sohn ist ja nun einer von uns geworden.

So ist das. Wir, gebaut aus einem krummen Holz, dürfen die Häupter erheben als geehrte, dürfen den aufrechten Gang durch' s Leben gehen:

.Aber das muss auch noch dazu gesagt werden:

Dieser Christbaum da draußen, der strahlt und glänzt in Herrlichkeit.

Weil er Saft hat, den unsichtbaren Saft aus der Steckdose nämlich. Die strahlenden Kerzen alleine würden nichts nützen, wären sie nicht da angeschlossen.

Und wir Menschen? Vor Gott, der bekanntlich alle Dinge sieht und versteht und verzeiht, vor Gott glänzen wir immer.

Voreinander und für diese Welt aber nur, wenn auch wir Saft haben, also angeschlossen sind an eine Kraft, die nicht aus uns selbst kommt. Die nicht selbst herstellbar ist und sich mit allen naturwissenschaftlichen Untersuchungsmethoden weder verneinen noch beweisen lässt. Wenn wir Kontakt haben zu dem Gott, der uns die Würde als Menschen im Stall zu Bethlehem zurückgegeben hat und auch heute immer und immer wieder neu zuspricht.

Und der Kontakt lässt sich herstellen. Nicht immer, aber immer öfter. Locker und distanziert manchmal, ein wenig enger ein anderes mal, belastet in Auseinandersetzung und Fragen oder aber emotional aufgewühlt, dankbar und tief glaubend.....Gott ist in der Welt. Er lässt sich finden.

Du hast ihn wenig niedriger gemacht als Gott ,mit Ehre und Herrlichkeit hast du ihn gekrönt .Ich wünsche Euch ,liebe Brüder und Schwestern, dass dies Wort in euer Herz fällt, heute am Heiligen Abend und dass ihr erhobenen Hauptes aus dieser Kirche hinaus in euer Leben gehen könnt: Gott ist in der Welt. Gott bekränzt und krönt uns, wer immer wir sind. Heute und immer wieder dürfen wir sein: Krummes Holz mit aufrechtem Gang.

[11]

[11] Kirche in Z., Foto Busch

Und sie bewegt sich doch!

Was machen wir mit dem Osterleuchter?
Etwas ratlos waren wir diesen Herbst im Kirchengemeinderat, was die Handhabung dieses schönen Gerätes anbelangt.
Jetzt haben wir ihn, wir wollten ihn, er war einmal was Neues in der Z. Kirche; aber wie gehen wir jetzt mit ihm um? Wann zünden wir ihn an?
Tradition gibt es in der evangelischen Kirche nicht....so ein Osterleuchter ist zunächst mal etwas katholisches, hieß es, wenn es ihn jetzt auch in vielen evangelischen Kirchen gibt.
In katholischen Kirchen wird er nur zu bestimmten Anlässen angezündet, lasen wir, bei Sakramentalen Feiern oder hohen Feiertagen.
Eigentlich schade! Dachten wir. Er ist so schön. Und wenn er Christi Gegenwart symbolisiert, kann man ihn doch nicht nur an den hohen Feiertagen anzünden sondern sollte man die Kerze immer leuchten lassen, oder?
Meinungen gingen hin und her, natürlich auch kontrovers.
Habe jetzt ich mich mit der gefundenen Regelung durchgesetzt, oder Einzelne Kirchengemeinderäte?
Eigentlich sollte man denken in einer Kirche hat der Pfarrer oder die Pfarrerin das letzte Wort.....schön wäre es! Nein, zum Glück nicht! Und zum Glück auch nicht einzelne Räte oder Personen! Wir haben einen Kompromiss gefunden. Wir haben eine neuartige Regelung, die gibt es jetzt nur hier in Z. aber sie hat jeden von uns zufrieden gestellt: Erbauer, Kerzenbesorger, Pfarrer, Kirchengemeinderäte.
Zuerst aber ist das immer so: Wo immer neues geschieht und auftaucht, fühlt altes sich in Frage gestellt.
Bisher kam man doch ohne Osterleuchter aus, könnte man sagen. Warum nicht weiter?
Und mit anderen Neuerungen in der Gemeinde ist es ähnlich: Bisher hat man auch nicht bei Taufen geläutet, warum jetzt, bisher haben wir Bach und Silcher im Chor gesungen, warum nicht weiter....ist das alles nicht mehr gut genug? War alles, so wie es bisher war falsch? Und sofort sind Menschen im Innersten getroffen, die sich engagiert haben, und die Dinge eben so machen oder so.
Vermutlich haben sich die Kirchenoberen damals so gefühlt, als Galilei behauptete, im Mittelpunkt des Alls stehe nicht die Welt, sondern die Sonne.
Wie, ist denn alles falsch, was in der Bibel steht? Wie kann man Dinge behaupten und bisheriges so in Frage stellen? Sind wir denn alle Dumme Würstchen? Wir wissen doch auch etwas, wir haben doch auch studiert und überlegt.....was denkt Galilei, wer wir sind?

Worte aus dem 6.Kapitel des Lukasevangeliums

Es geschah aber an einem andern Sabbat, dass er in die Synagoge ging und lehrte. Und da war ein Mensch, dessen rechte Hand war verdorrt. Aber die Schriftgelehrten und Pharisäer lauerten darauf, ob er auch am Sabbat heilen würde, damit sie etwas fänden, ihn zu verklagen. Er aber merkte ihre Gedanken und sprach zu dem Mann mit der verdorrten Hand: Steh auf und tritt hervor! Und er stand auf und trat vor. Da sprach Jesus zu ihnen: Ich frage euch: Ist's erlaubt, am Sabbat Gutes zu tun oder Böses, Leben zu erhalten oder zu vernichten? Und er sah sie alle ringsum an und sprach zu ihm: Strecke deine Hand aus! Und er tat's; da wurde seine Hand wieder zu Recht gebracht. Sie aber wurden ganz von Sinnen und beredeten sich miteinander, was sie Jesus tun wollten.

Ein Mann wird geheilt. Nicht mehr und nicht weniger.

Dummerweise am Sabbat!

Das ist eigentlich verboten. Das gehört sich nicht. Das war schon immer so, wer dagegen handelt, handelt gegen das göttliche Sabbatgesetz und gegen alle medizinische Erkenntnis. Das Gesetz sagt, es ist nicht erlaubt, die Erkenntnis sagt: Die Hand lässt sich nicht einfach so durch Handauflegung heilen. Da braucht man Spritzen, Operationen, Rezepte, Reha...

Und da steht zwischen dem Naturgesetz und dem religiösen Gesetz dieser Jesus von Nazareth und tut es einfach. Fordert den Mann auf, in die Mitte zu stehen.

Und genau das ist es, was er immer und überall tut. Menschen anschauen, fragen, was sie wollen, und brauchen, sehen, wie sie leben, ob sie leben.

Jesus, wo immer er geht und steht, stellt den Menschen in den Mittelpunkt.

Nicht Institutionen, Akten, Thesen, Naturgesetze, sie seien so oder so.

...Ismen und Doktrinen und Tradition –aber auch Innovation, alles was mit -ion endet und mit ismus...ist ihm mit Verlaub ziemlich egal. Kümmert ihn nicht! Es gibt für Jesus nicht eine Tradition um der Tradition willen, Neuerungen um der Neuerungen willen.

Gesetze um der Gesetze willen. Es gibt für ihn nur den Menschen.

Und das ist das wirklich revolutionäre und umwälzend neue an seiner Haltung.

Es gibt für ihn nicht den Menschen als Krone der Schöpfung oder als Untertan Gottes sondern nur den Menschen vor Gott.

Einem offenen, friedliebenden, gerechten, sich zuwendenden- und darum heil machenden Gott. Egal wie herum die Sonne dabei kreist.

Was heißt das für uns, was heißt das für Jesu Kirche? Sie ist ja immer schon eine Kirche gewesen, die sich schwer tat mit andersdenkenden. Die gewisse fundamentale

Glaubensgrundsätze hat, die sie auch bereit ist, mit Zähnen und Klauen und Feuer zu verteidigen.
Nun: Wenn Jesu Zuwendung dem Menschen gilt, muss auch seine Kirche eine dem Menschen zugewandte Kirche sein. Dann gelten eben nicht zuallererst Doktrin und Paragraphen und...Ismen. Dann wird nicht gefragt, was erlaubt ist, was man macht, sondern welches Bedürfnis haben Menschen. Was brauchen sie? Jetzt? Hier?
Und dabei kann man zu unterschiedlichen Antworten kommen.
Manchmal ist das, was Menschen brauchen auch durchaus die Heimat vergangener Traditionen, die Sicherheit alter Gebete und Lieder. Alle Gemeinschaften, die Neuerungen um der Neuerungen willen einführen, fragen genauso wenig nach dem Menschen, wie diejenigen, die seit 2000 Jahren kaum etwas geändert haben.
Welches Bedürfnis haben Menschen? Was können wir ihnen geben? Jetzt? Den einen- und den anderen? Wie viel Wurzeln brauchen sie, wie viel Visionen, wie viel Nähe, wie viel Distanz um sich heimisch zu fühlen? Das ist die zentrale Frage. Nicht, wie alt das Lied ist, das jetzt gesungen wird und ob die Pfarrerin untertags in Jeans herum läuft.
Einfach ist das nicht.
Aber eine Kirchengemeinde, die in der Nachfolge Jesu den Menschen ins Zentrum der Fragestellung rückt, wird immer neu suchen und fragen und überlegen müssen. Endgültiges wird sie nie in Händen haben, denn es liegt in der Natur des Menschen, dass er sich verändert und entwickelt, je nachdem, wie sich Gesellschaft verändert und entwickelt.
Eine Kirchengemeinde, die in Jesu Nachfolge nach dem Bedürfnis der Menschen vor Ort fragt, wird sich auch nie an festen und bestimmten Gruppierungen orientieren, an dem, was wir Kerngemeinde nennen. Sie wird über Grenzen hinweg gehen müssen, der Kultur, der sozialen Stellung....vielleicht sogar der Konfession.
Eine Kirchengemeinde, die in Jesu Nachfolge Menschen ernst nehmen will, wird auf ihre Fragen hören und gemeinsam mit ihnen nach Antworten suchen müssen. Und Fragen wird es immer geben. Menschen sind fragende, sie haben Verstand und Intellekt und ihre Zweifel und ihre eigene Biographie aus der heraus sie vielleicht so oder so glauben. Um ein Unterwegs sein, um Respekt, um Lehren von Respekt und Gerechtigkeit geht es auch hier.
Jeder Mensch braucht etwas anderes. Jeder Mensch braucht eine andere Antwort, eine andere Zuwendung. Der eine braucht den Christbaum am Heiligen Abend, der andere braucht das Abendmahl am Karfreitag....der eine braucht schöne Silcherlieder und der

andere Rock- und Popmusik. Nehmen wir das wahr? Nehmen wir das ernst? Und wenn wir es sehen, wie gehen wir damit um?

Ein neues Weltall tut sich da auf für eine Kirchengemeinde, die so zu leben versucht.

Da strecken sich viele Köpfe aus der Käseglocke…würde Kopernikus sagen. Und Fragen tauchen auf, die sicher auch Angst machen, die einen selbst in Frage stellen, und die unbequem sind….auch für mich.

Die hören bei Osterleuchter und Liedgut noch lange nicht auf!

Solange aber dabei der Mensch im Mittelpunkt steht, ist die Konstellation und die Perspektive die richtige. Sind alle Ketzer und Entdecker und Bewahrer, Traditionalisten und Reformer in einem. Über eine solche Kirchengemeinde kann mit Galilei inmitten aller Weltgeschehnisse gesagt werden: Und sie bewegt sich doch![12]

In Z. glaube ich, tut sie es .Nicht immer. Aber immer öfter.

---

[12] Der Sage nach Ausspruch des Galileio Galilei,1633.Stichwort für einen Gottesdienstes zum Thema „Tradition und Innovation" in Z.,2011

Jetzt gehört mein Leben nur mir

Sie ist schmal und zierlich. Ihr schulterlanges Haar trägt sie offen. Scheu huscht sie durch den Proberaum des Chores, wieder mal viel zu spät. Die Kinder hat sie auch mitgebracht. Die spielen jetzt. Zuhause kann Gabriella sie nicht lassen. Der Mann. Er ist nicht da; fährt LKW oder Traktor. Irgendwo da im schwedischen Hinterland. Und dann sitzt er sowieso zuhause mit der Schnapsflasche.

Obwohl er seine Familie liebt. Obwohl sie ihn liebt. Und ihm alles verzeiht, immer wieder: Die Schläge, die blauen Flecken, die blutige Nase. Er ist eben so. Und sicher liegt es ja nur an ihr selbst. Bestimmt ist sie schuld an seinem Jähzorn; na ja, sie geht eben zu viel in die Chorproben. Vielleicht trinkt er völlig zu Recht und sie ist ihm eine schlechte Frau.

Und dabei singt sie doch so gerne! Und ihre Stimme ist schön. Man hört es nur nicht gleich. Sie ist zu zaghaft, zu leise....das Leben hat sie kleingekriegt, hat sie fast verstummen lassen.

Doch hier im Chor darf sie sein. Hier wird sie gesehen.

Sie hört die Musik- nein die Musik in der Musik, die Töne, die nicht mehr nur Töne sind, die Melodie die mehr ist als Noten und Taktstrich.

Sie hört und singt und der Himmel berührt die Erde und der Raum wird so frei, wird zum Lebensraum in dem sie sein darf. Sie ist, wie sie ist und es ist gut so. Fernab von einem schlagenden Mann, weit weg von Selbstzweifeln und Ängsten...hier keimt für sie neues Leben; neues Leben das wächst, Woche für Woche, Tag für Tag. Und ihre Angst wird kleiner und ihr Mut immer größer; nein, nichts mehr hinnehmen, wie es ist, nein, ich bin nicht schuld, nein, ich bin doch etwas wert, nein, ich werde mich wehren und ich werde ihn lieben aber ich kann ihm nicht helfen...

Und dann Gabriella singt ihr Lied, kann es singen, denn stumm- das ist sie nicht mehr:

Jetzt gehört mein Leben nur mir
Kurz ist unsre Zeit hier auf Erden.
Meine Sehnsucht trug mich hierher.
Was mir fehlte, das fand ich nun.
Ich erwählte mir meinen Weg,
mein Vertrauen ruht unter Worten
und ich sah schon ein kleines Stück
von dem Himmel, den ich such!
Ich will leben, Leben spüren jeden neuen Tag!
Ich will leben, wie ich will!

Ich will spüren, dass ich lebe, wissen: Ich bin gut genug!
Nein ich hab mein Selbst nie verlor' n.
Nein ich hab es nur schlummern lassen.
Vielleicht hat' ich nie eine Wahl,
doch ich will, will leben.
Ich will glücklich sein,
will so sein, wie ich bin,
um ganz frei und stark zu sein, den Tag sehen, der beginnt.
Ich bin hier, und ich gehe meinen Weg!
Und der Himmel, den ich such, den find ich irgendwo!
Ich will spüren, dass ich leben kann!!!!

Jetzt gehört mein Leben nur mir[13]...ich will leben, Leben spüren, jeden neuen Tag, ich will leben wie ich will...
Pures Glück in schwedischen Hinterland- ein Frühlingsvogel auf der Spitze eines Baumes....Aufbruch.
Neu sein...Altes hinter sich lassen...es ist so schön, so herzergreifend.
Eine Geschichte aus dem Kino; überschrieben mit dem Titel „Wie im Himmel".
Eine Geschichte, wie andere Geschichten auch; aber was hat das mit mir zu tun?
Mit Dir? Mit uns?
Worte aus dem 28.Kapitel des Matthäusevangeliums:
Als aber der Sabbat vorüber war und der erste Tag der Woche anbrach, kamen Maria von Magdala und die andere Maria, um nach dem Grab zu sehen. Und siehe, es geschah ein großes Erdbeben. Denn der Engel des Herrn kam vom Himmel herab, trat hinzu und wälzte den Stein weg und setzte sich darauf.
Seine Gestalt war wie der Blitz und sein Gewand weiß wie der Schnee. Die Wachen aber erschraken aus Furcht vor ihm und wurden, als wären sie tot. Aber der Engel sprach zu den Frauen: Fürchtet euch nicht! Ich weiß, dass ihr Jesus, den Gekreuzigten, sucht. Er ist nicht hier; er ist auferstanden, wie er gesagt hat. Kommt her und seht die Stätte, wo er gelegen hat; und geht eilends hin und sagt seinen Jüngern, dass er auferstanden ist von den Toten. Und siehe, er wird vor euch hingehen nach Galiläa; dort werdet ihr ihn sehen. Siehe, ich habe es euch gesagt. Und sie gingen eilends weg vom Grab mit Furcht und großer Freude und liefen, um es seinen Jüngern zu verkündigen. Und siehe, da

[13] Gabriellas Song aus dem Film „Wie im Himmel", Schweden 2004

begegnete ihnen Jesus und sprach: Seid gegrüßt! Und sie traten zu ihm und umfassten seine Füße und fielen vor ihm nieder .Da sprach Jesus zu ihnen: Fürchtet euch nicht! Geht hin und verkündigt es meinen Brüdern, dass sie nach Galiläa gehen: Dort werden sie mich sehen.

Noch eine Geschichte.

Spielt am anderen Ende unserer Welt.

Überschrieben: Die Auferstehung.

Ich denke, wenn ich sie lese, dabei an die Auferstehung der Toten ja, die ich erhoffe und die ich predige an den Gräbern drüben am Friedhof. Dass der Tod nicht das letzte Wort hat, dass unsere Verstorbenen ein neues Land finden, das freilich unserem Zugriff entzogen ist- das hoffe ich dabei. Mögen sie in Frieden- nein- nicht ruhen- sondern leben.

Ich denke aber auch ans Aufstehen im Land dieses Lebens jetzt.

Auferstehung und Aufstehen- das gehört für mich zusammen. Hier und jetzt und heute. Ich denke an Menschen wie Gabriella, die aufgestanden sind aus dem Grab ihres täglichen Elends, die neues Leben wagen.

Die Erzählung von der Auferstehung Jesu und seiner Erscheinung in der Provinz Galiläas.... Die Geschichte Gabriellas ,die aufgestanden ist mitten im garstig kalten Norden Schwedens.

Sie gehören doch zusammen.

So viele aber, liebe Brüder und Schwestern, stehen nicht auf:

In Galiläa nicht und nicht in Schweden- und nicht neben mir und dir, schau dich um:

Der Mann, an Krebs erkrankt, den sein Alter und seine Einsamkeit zu Boden drückt, so sehr, dass er sich das Leben nimmt. Ich will so nicht leben, sagt er leise....Die Frau, die in Depressionen versinkt, anstatt sich von ihrem gewalttätigen Mann zu trennen...ich hatte solche Angst vor ihm, gesteht sie später einem Arzt.... Das Mädchen, das in Alkohol und Drogen ihr Heil sucht, ohne Aussicht auf Schulabschluss und Beruf...mir doch egal, was aus mir wird, fährt sie die Lehrerin an....der Junge, dem die Scheidung seiner Eltern noch in späten Jahren eine tiefe Wunde geschlagen hat...ich kann nicht vertrauen, sagt er, ich habe Angst vor Beziehungen....

So viele sind verstummt und können das Lied der Hoffnung nicht mehr singen und haben die herrliche Melodie des Lebens verlernt. Stehen nicht auf, bleiben liegen.

Da ist nur der Gang zum Grab der Hoffnung und Furcht und Entsetzen vor der Zukunft.

Die zwei Frauen am Grab des Ostermorgens haben nur den Tod vor Augen. Das Ende einer gemeinsamen Wegstrecke, Schlusspunkt ihrer Geschichte mit dem Nazarener, ja, den Tod einer großen Liebe. Was kann da schon bleiben! Nur ein Begräbnis. Nur Erinnerungen!

Nichts weiter.

Gabriella hat nur die harten Fäuste ihres Mannes vor Augen. Was kann sie schon tun?

Und dann trifft die beiden Frauen das Wort des Engels: Er ist nicht hier, er ist auferstanden....Ihr seid am falschen Platz!

Und dann trifft Gabriella den neuen Chorleiter, der ein Lied für sie schreibt. Sing das, du kannst das, deine Stimme ist so schön!

Da ist doch noch Leben in dir. Schau nicht auf das, was du in deiner Ehe bisher verloren hast; Begrabe deine Träume nicht und deine Sehnsüchte...komm weg aus dem kümmerlichen Leben, das du führst. Du bist so viel mehr wert.

Den Frauen wird es zugerufen: Gott will Leben, steht auf, sagt es, lebt es, gebt es weiter....und dann laufen sie, um es den Freunden zu sagen, die das Kreuz noch niederdrückt ,die noch im Grab ihrer Hoffnungen und Träume sitzen.

Und Gabriella wird hineingenommen in den Schutzraum des Chores und Frauen sind da, die sie begleiten, auffangen, ernst nehmen, ermutigen....

Auf dem Weg hinauf nach Galiläa begegnen sie dem Auferstanden wieder.

Nein, er ist nicht tot. Er lebt. Er ist mitten unter ihnen. Und er weist sie an die, die diese Botschaft brauchen.

Geht und verkündet es den Brüdern und Schwestern!

Denn: Niemand kann alleine aufstehen, den Todesmächten die Stirn bieten auf Dauer.

Es braucht Botinnen und Boten des Lebens. Auf den Strassen Galiläas, in Schweden neben dir und neben mir.

Und die müssen keine Engel sein; die müssen nicht immer von Hoffnung erfüllt sein und vielstimmig und herrliche singen können wie ein Frühlingsvogel vom Leben. Die kann sogar Furcht und Zittern ankommen. Wenn sie nur auf dem Weg bleiben vom ich zum Du, wenn sie nur das Land der Gemeinschaft suchen:

Wenn wir uns gemeinsam vor der Zukunft fürchten, können wir darüber reden und vielleicht findet jeder von uns wieder jenen Funken Hoffnung und Leben in sich, der jedem Menschen von Geburt an eigen ist

Wenn wir gemeinsam vor dem Krebs, der in dir wuchert Angst haben, wirst du nicht verzweifeln daran. Ich werde bei dir sein und deine Hand halten und dich auch begleiten, bis deine Reise zu Ende ist. Du bist nicht allein.

Wenn wir gemeinsam nach einer Lösung suchen für deinen Schulabschluss, finden wir doch etwas, gib die Hoffnung nicht auf, die doch noch tief in dir schlummert.

Wenn wir gemeinsam aufarbeiten, was dir Wunden geschlagen hat im Leben, werden sie vielleicht ein wenig besser heilen...komm erzähle, ich höre zu.
Wenn du und ich einander die Furcht sagen, lässt sich die Angst besser tragen. Wenn du und ich gemeinsam zittern, wird es vielleicht warm in aller Kälte dieser Welt. Wenn du und ich wenn wir uns gegenseitig beim aufstehen helfen, muss doch keiner am Boden bleiben.
Liebe Brüder und Schwestern,
Die Geschichte aus Palästina ist so gut die unsere wie die Geschichte aus Schweden: Menschen können aufstehen.
Das gibt es.
Manche, weil Gott sie ruft :Im Gebet, einem Liedvers, einem zufällig gehörten Wort.
Mache aus eigener Kraft, weil sie –vielleicht wie ein Samenkorn noch genügend Keimkraft –noch genügend Liebe in sich haben.
Und mache brauchen Botinnen und Boten des Lebens, die diese Liebe zeigen, bringen, erfahrbar machen inmitten ihrer Todeserfahrungen.
Egal ob uns der Weg nach Galiläa oder Schweden führt...wir sind gewiesen an den Auferstandenen, nicht an den Toten.
Wir sind gewiesen, einander die frohe Botschaft zu bringen:
Christus lebt und mit ihm darfst auch du leben. Der Tod hat nicht mehr das letzte Wort. Steh auf!

 [14]

[14] Osterschmuck 2011 in der Kirche in Z., Foto Busch

Wer Gott liebt, der liebt auch seinen Nachbarn

Wir sind Nachbarn. Zum Teil. Zumindest wohnen wir in ein und demselben Dorf und auch die K` ler, die heute Morgen hier sind, gehören zu uns...ob wir wollen oder nicht! Und da haben wir schon das Thema und das Problem: Wir machen ständig Unterschiede zwischen guten Nachbarn und unangenehmen, solchen, die wir als Nachbarn wollen, und solchen, die wir nicht so sehr wollen oder nur bedingt oder vielleicht sogar gar nicht.
Bei manchen Nachbarn im Dorf oder unserer Strasse kriegen wir Krisen, schimpfen über sie, den Baum, der über die Grenze wächst, das Kindergeschrei schon morgens um fünf, den Rasenmäher in der Mittagsruhezeit und den Grillgeruch und die Feste, die einer im Sommer Tag und Nacht zu machen scheint.....und wie wir dann übereinander schimpfen können!
Oft denken wir nicht an die große Wahrheit: *Gott lässt es über die Guten und die Bösen in gleicher Weise regnen*...bzw. Heute kann man sagen: Er lässt die Sonne aufgehen über allen Menschen gleich. Auch über denen, den wir am liebsten Gift und Galle geben würden! Er liebt mich und dich und meinen Nachbarn...grenzenlos. Gott steigt über Mauern. Und er möchte uns am liebsten mitnehmen über die Mauern. Nicht oft aber vielleicht immer öfter....und er ist in jedem Fall dabei, wenn wir so wie heute an denselben Tischen miteinander sitzen!
Ja, und dann, das darf man ja nicht vergessen, gibt es Nachbarschaften, in denen sich jeder auf den anderen verlassen kann. Das gibt es auch: Da hat der andere jeweils sogar den Hausschlüssel...für Notfälle. Solche Nachbarn haben wir auch, zum Glück. Oder man bringt einander einen Kuchen über die Strasse, sitzt vor dem Haus miteinander. Da gibt es Nachbarn, die passen gut aufeinander auf, sind da, auch wenn mal was passiert....
Aber, wie gesagt, das andere gibt es auch. Und manchmal geschieht es auch, dass Menschen total einsam werden inmitten von anderen Menschen, dass sie alleingelassen werden und sich immer mehr zurückziehen, und keiner, der drum herum wohnt, schaut nach, fragt nach, kümmert sich...
Vorher haben wir als Lesung Worte aus dem 1.Johannesbrief gehört. Da ging es um die Liebe. Na, ja, wenn wir über das Miteinander im Dorf und unseren Strassen reden, ist Liebe vielleicht ein zu großes Wort. Nachbarn, Bewohner eines Dorfes kann man nicht auffordern, sich gegenseitig zu lieben. Und zu einem guten Miteinander gehört auch eine gesunde Distanz. Auf die Pelle darf man sich ja auch nicht zu sehr rücken. Jeder braucht so etwas wie Intimsphäre....

Aber jeder, der heute hier ist weiß auch, dass der Abstand zwischen Nachbarn und Dorfbewohnern auch zu groß werden kann. Er kann zur Mauer werden, wenn man sich gar nicht mehr leiden oder sogar sehen mag.

Zu den Formen der Liebe zähle ich darum auch dies Verhalten:

Wenn ich dem anderen ja, die Ehre lasse oder rette, ihn nicht in den Schmutz ziehe.

Oder wenn ich bereit bin, jemandem, der mir vielleicht nicht so sympathisch ist, trotzdem zu helfen, ihn zumindest nicht hängen lasse, wenn er oder sie in Not ist.

Das sind auch Formen der Liebe, von der der Johannesbrief redet. Ich fände es ideal, wenn man im Miteinander eines Dorfes es schafft, einander beizustehen und zu helfen und sich zugleich den Intimbereich zu lassen. Für uns hier in Z. ist das sehr wichtig. Viele ältere Menschen wohnen unter uns, zwischen der Siedlung und Alt Zang scheint manchmal ein garstiger Graben zu sein....doch ist unser Miteinander und unsere Nachbarschaft gerade in diesen Zeiten immer wichtiger .Wir liegen so weit draußen, wir sind so sehr angewiesen auf Fahrzeuge, wir haben hier im Dorf nicht immer alles, was wir brauchen. Da können wir froh sein, wenn unsere Nachbarn- auch die aus K. z.B. heute mit dem Posaunenchor hoch kommen und mitmachen...ja, was täten wir heute Morgen ohne euch!

Wer Gott liebt, der liebt auch seinen Bruder, so haben wir es vorher gehört.

Es ist meine tiefste Überzeugung, dass Gott den anderen, auch wenn ich meine Mühe mit ihm habe und über ihn schimpfe, ebenso liebt, wie mich. Vielleicht, wenn ich selbst mich schwer tue, ein Miteinander zu finden, wenn ich überhaupt keine Lust dazu habe, in Kontakt mit meinem Gegenüber, meinem Nachbar, dem Kirchengemeinderat, oder diesem oder jenem Vereinsvorstand oder Mitbewohner im Dorf zu treten, dann könnte ich doch zumindest mal anfangen, bei mir selbst. Zum Beispiel mit Beten. Sozusagen gegen das Eis anbeten. Vielleicht schmilzt während des Gebets dann etwas davon weg und in meiner Einstellung zum anderen...oder in der Einstellung des anderen zu mir ändert sich was...ich meine, ich bin ja auch kein Engel. In und mit und unter dem Gebet geschehen mitunter wirklich Wunder-ganz realistisch. Und wer nicht beten mag oder kann, mag über jenen Satz meditieren, den ich neulich in einem Lehrerzimmer las, wo er an der Pinnwand hing:

Wir leben von Toleranz und haben sie zu gewähren,
weil niemand alleine immer nur Recht haben kann.

Und nebenbei: Ich finde bei Jesus findet man viele Beispiele, wie wir Menschen den Teufelskreis des Misstrauens, des Hasses und der Gleichgültigkeit durchbrechen können, um zu einem guten, kreativen und fruchtbaren Miteinander zu finden! Wäre auch ne gute Möglichkeit ,da mal nachzuschlagen, nachzulesen...wer auch das nicht mag oder kann, darf nächsten Sonntag wieder in die Kirche kommen, sich zurücklehnen, und kriegt es bequem vorgelesen und gepredigt.

Die Kippe ist noch kalt

Es war die wohl siebte Nacht in Folge. Wieder nicht geschlafen! Müde und schwer und unendlich erschöpft saß ich vor meinem Arzt und wusste schon nicht mehr, was ich eigentlich dort sollte.
Dann die ewig gleiche Prozedur, Fragen, Formulare, Karteikarten:
Hatten Ihre Eltern Diabetes? Gab es in ihrer Familie Brustkrebs? Bitte füllen sie aus, ob es in ihrer Familie Nierenleiden, Herzversagen, Bluthochdruck gab. Arbeiten sie zuviel? Haben sie als Kind an Migräne gelitten?
Ankreuzen überlegen, Rückblicken und das doch kaum möglich mit so einem Schädel! Warum? Warum leide ich nur an dieser entsetzlichen Schlaflosigkeit? Was mache ich falsch? Ob ich das Bett drehe? Wasseradern, die unter dem Haus verlaufen? Schnarchen meines Mannes? Ich weiß schon gar nicht mehr, was ich alles noch sagen und überlegen soll!
Dann geben sie mir die Hälfte einer weißen dicken Kapsel. „Damit werden sie vermutlich schlafen können".
Das Vermutlich entpuppt sich als felsenfest. So felsenfest, dass ich nachmittags um Drei noch nicht wieder bei klarem Verstand bin.
Wie eine Schlafwandlerin schlurfe ich durch die Gänge. Vor den Augen ist es mir wie ein Schleier. Kann nicht jemand endlich Licht machen, den Vorhang aufziehen?
Wie benommen, wie betrunken wanke ich, sage automatisiert „ja bitte" und „nein danke" und weiß nicht, welches Datum wir haben und kann mir mit Mühe merken, in welchem Zimmer ich liege……dunkel grau ist es um mich , ich fühle mich wie ein blindes Huhn.
Unangenehm ist dieser Zustand- und doch auch wieder nicht! Blind zu sein, taub zu sein hat auch was für sich. Jetzt könnte mich noch nicht mal mehr das Landesdenkmalamt aufregen! Das Schlagzeug meines Sohnes würde ich gar nicht wahrnehmen. Der Flecken auf dem Hemd meines Mannes und das Unkraut vor der Kirchentüre wäre wir so was von egal!
Ich sähe das alles nicht.
Und so schaffe ich es gerade so, mich auf die Bank in der Eingangshalle des Krankenhauses zu setzen und wirr geht mir die Frage durch den Kopf:
Heißt es nun: „Er macht die Sehenden blind?" oder „er macht die Blinden sehend?" Ist nun das Blindsein ein Segen oder das Sehen können?
Und ich warte darauf, dass sich die Decke des Krankenhauses öffnet, sich über mir der weite Himmel auftut und mir eine große Hand eine rosa Pille in die Hand drückt und sagt:

„Die nimmst du jetzt und dann ist alles gut: Du wirst schlafen können und alle Krankheit wird vorbei sein und alle Müdigkeit und du wirst in alle Ewigkeit nicht mehr müde sein; es wird hell werden vor deinen Augen“. Licht! „Oder“, so zirpt es im Hinterkopf, „wäre die Pille gut, mit der alles so bliebe?“ So verschwommen, dunkel, nivelliert, harmonisiert?
Und während ich da sitze und immerfort auf das Wunder der Erkenntnis warte oder des Erwachens, merke ich, dass jemand an meinem Ärmel zupft:
„Kannst du mir die Kippe anzünden?“ fragt es aus einem zahnlosen und ziemlich unrasierten Gesicht neben mir.
Der Mann steht nicht, er sitzt. Nicht auf der Bank sondern in einem Rollstuhl. Und er hat kein Bein mehr und seine Haut ist quittengelb und einen Arm hat er in der Schlinge während er mit dem anderen versucht, eine filterlose Zigarette in seinen Mund zu stecken und gleichzeitig zu reden.
„Nein“, sage ich, „ich rauche nicht. Ich hab kein Feuerzeug. Ist das überhaupt erlaubt hier?“
Dann denke ich, wie hirnverbrannt muss eine sein, die auf Medikamente nicht mehr klar denken kann und dann doch noch immer fragt, was erlaubt ist und was nicht.....und dann frage ich- als ob man es nicht sehen könnte:
„Was fehlt dir?“ Und der Rollstuhlfahrer sagt: „Bei mir ist es aus. Die Leber. Da kann man nix mehr machen“. „Warum“, frage ich. „Was hast du?“ Er antwortet nicht.
Stattdessen fragt er zurück: „Was fehlt dir?“ Ich: „Ich kann nicht mehr schlafen und weiß nicht warum und ich muss immerzu überlegen warum und komme zu keinem Ergebnis. Und heute weiß ich, warum ich geschlafen habe, aber jetzt schlafe ich nur noch und werde nicht wach. Ich warte, dass es mir vor den Augen wieder heller wird, dass einer das Licht anmacht und weiß doch nicht, ob ich das wirklich will. Aber ich will wissen, warum es so ist!“
Er antwortet daraufhin: „Ich weiß, warum ich hier bin, aber es hilft nicht. Vom Warum werde ich nicht mehr gesund. Ich warte nur noch darauf, dass einer das Licht endlich ausmacht!“
Er macht die Blinden sehend. In dieser Minute, liebe Brüder und Schwestern, da im M. Krankenhaus wurde ich wach. Sehr wach. Der Schleier vor meinen Augen verschwand urplötzlich als hätte mir einer ins Gesicht geschlagen und ich blickte in die Augen dieses vom Tod gekennzeichneten.
Was ich nicht bedacht hatte, die ganze Zeit über: Wach, klar, sehend zu sein kann ebenso ein Fluch sein, wie blind zu sein; Und auf das „Warum“ eine Antwort zu haben, heißt nicht

gleichzeitig, eine Lösung zu bekommen. Zu sehen was ist, es zu verstehen und es nicht ändern zu können, das ist doch das Schwerste überhaupt!

Zum Beispiel das Sterben dieses noch jungen Mannes. All der vielen Menschen vielleicht an diesem einen Tag in unserem Land. Oder die mörderische Hitze und die Atemnot ,die sie bei Herzkranken auslöst. Oder den Geldmangel in unserer Kirche und die Kirchenflucht so vieler.

Und weiter: Die Unfälle auf unseren Strassen und den Hass der Völker, den Hunger auf der Welt....

hilft die Frage nach dem Warum weiter? Die Analyse? Das Sezieren, auseinander nehmen der Fakten? Warum ist etwas so oder so? Warum werden Gemeinden zusammengelegt, Personal gespart, warum wehren sich die Hungernden nicht, warum wird es immer wärmer, warum wird meine Großmutter 89 und meine Mutter nur 69? Warum bin ich mit dieser Krankheit geschlagen, warum muss ich sterben?

Je sichtbarer alles Leid wird, desto unsichtbarer scheint Gott zu werden. Und je unsichtbarer er wird, desto lauter frage ich nach dem Warum und das Echo verhallt in der Weite des Alls. Er antwortet mir nicht: Wo ist er, der Helfer, der Allmächtige. Warum greift er nicht ein?

Eine Geschichte fällt mir ein, in der es auch um ein Warum geht und um Krankheit. Und um Gott:

Und Jesus ging vorüber und sah einen Menschen, der blind geboren war .Und seine Jünger fragten ihn und sprachen: Meister, wer hat gesündigt, dieser oder seine Eltern, dass er blind geboren ist? Jesus antwortete: Es hat weder dieser gesündigt noch seine Eltern, sondern es sollen die Werke Gottes offenbar werden an ihm. Wir müssen die Werke dessen wirken, der mich gesandt hat, solange es Tag ist; es kommt die Nacht, da niemand wirken kann. Solange ich in der Welt bin, bin ich das Licht der Welt. Als er das gesagt hatte, spuckte er auf die Erde, machte daraus einen Brei und strich den Brei auf die Augen des Blinden. Und er sprach zu ihm: Geh zum Teich Siloah – das heißt übersetzt: gesandt – und wasche dich! Da ging er hin und wusch sich und kam sehend wieder.

Ein Blinder; und die Jünger haben nichts Besseres zu tun als ich, als du, als wir alle: Sie fragen: „Warum ist er blind?" Als ob das dem Mann helfen würde!

Jesus aber wendet sich diesem Mann zu. Ohne dass dieser zuvor schreien, bitten und nachlaufen muss. Ohne Vorbedingung, würden wir sagen. Jesus nimmt den Mann wahr, bleibt stehen....und dadurch sehen ihn auch die Jünger, die vielleicht wie die meisten anderen nur an ihm vorbei gegangen wären.

Die Heilung, das Sehen, das Licht -Werden im Leben des Mannes beginnt damit, dass da einer offene Augen für ihn hat, ihm nicht ausweicht und ihm keine dummen Fragen stellt. Und schon gar nicht, indem er seine Situation deutet! Die Frage nach dem Warum dieser Blindheit wird auf gut deutsch schnurzpiepegal!

Und damit ist schon alles anders als wir das gewohnt sind mit unseren Deutungs- und Denkmustern, unseren ewigen Fragen: Wer trägt die Verantwortung, wer ist schuld wer hat angefangen, warum, warum? Wer so fragt und deutet, nimmt das, was er sieht als Fakt, als Realität an und sieht nicht weiter.

Im Grunde ist es so: Wer so fragt, wie die Jünger und wer das sieht, was die Jünger nur sehen, sieht einen Blinden, der blind bleibt und damit basta und der hat genug gesehen und kann weitergehen. Und dann bleibt der Blinde sich selbst überlassen.

Jesus aber wendet sich zu als der, der von sich sagt: *Ich bin das Licht der Welt.* Er heilt diesen Mann. Und damit schenkt er ihm nicht nur Augenlicht, sondern zugleich neue Erkenntnis, mehr als die Umstehenden mit den gesunden Augen vielleicht sogar haben.

Am Ende sieht der Blinde. Und er sieht mehr und er sieht ganz sicher anders als zuvor, denn er sieht Dinge, Menschen, sein Leben im Licht des Glaubens, in dem alles radikal anders aussieht. Er sieht den zuvor unsichtbaren Gott hinter seinen vergeblichen „Warum?“ Fragen. Und er sieht ihn im Antlitz Jesu, in seinem Handeln; er sieht ihn als Gott, der sich den Menschen zuwendet, egal wer und was sie sind. Sieht einen menschlichen Gott, der über die Maßen liebt, dessen ganze ungeteilte Aufmerksamkeit Heil machende Kraft hat. Gott wird in dieser Geschichte sichtbar als der, der Blinde, ganz gleich, woher ihre Blindheit kommt zum Sehen führt. Sehen was ist, und doch ganz anders sehen!

Das ist für mich die zentrale Aussage der Geschichte.

Nachdenklich wanke ich in mein Zimmer zurück.

Ein letzter Blick zu diesem sterbenskranken Rollstuhlfahrer mit seiner kalten Kippe in der Hand.

Dass Jesus geheilt hat, ist lange her, denke ich. Jetzt ist er doch genauso unsichtbar wie Gott. Aber die Blinden sind geblieben und die Krankheiten und der Hass in der Welt. Und auch ich mit meiner Geschichte:

Ich werde weiter diese Krankheit haben und auch andere werden sie haben. Und viele werden durch das Dunkel gehen und es wird keine rosa Pille helfen und Gott wird ihnen als unsichtbarer und dunkler Gott erscheinen, dem sie vielleicht sogar abschwören: Ich hasse dich Gott, weil du mir mein Krebsleiden nicht genommen hast. Ich glaube nicht mehr an dich, weil du mich in meinen Depressionen versinken lässt.

Wer wird uns jetzt den Blick des unsichtbaren Gottes, die Hand des unsichtbaren Gottes, die Freundlichkeit des unsichtbaren Gottes sichtbar machen?
Das ist nicht einfach: Jesus hat nicht alle Menschen geheilt damals. Und seine Jünger haben bald gemerkt, dass sie das auch nicht können.
Vielleicht, denke ich, langsam wieder klar werdend, steht hinter dem Satz in der Erzählung von der Nacht, in der niemand etwas wirken kann, nichts anderes als die nüchterne, die realistische schlichte Erfahrung, dass wir nicht alles Elend und auch nicht alles Leid aus der Welt schaffen. Auch als Christen nicht.
Aber -und das ist das andere, was mir aus der Geschichte entgegen leuchtet:
Es bleibt doch die Verheißung, dass immer und immer wieder etwas von diesem Licht der Welt sichtbar wird. Nämlich da, wo wir verkündigen, glauben und sehen, dass es mehr gibt als das machbare, planbare. Mehr als Fakten und Realität, Analysen und Programme.
Es bleibt doch am Ende dieser Geschichte auch die Verheißung an mich, dass da wo wir einander aufmerksam wahrnehmen, füreinander da sind und einander wissen lassen, etwas vom Licht des Lebens, vom Licht des menschenfreundlichen Gottes aufleuchtet.
Manchmal durch einen guten Nachbarn, eine freundliche Zuhörerin, einen guten Arzt, manchmal durch einen expliziten Christen, und manchmal durch einen, der vielleicht gar nicht weiß, wen er da bezeugt und sichtbar macht:
Ich sehe dich. Du bist nicht vergessen....das ist nicht schon das ganze Licht. Aber Strahlen davon.
Ich weiß es ja .Ich habe es ja selbst erleben dürfen. Menschen haben mich so wahrgenommen und so gesehen und so behandelt. Wie gut! Was für eine heilende Kraft dahinter steht!
So denke ich noch, als ich vor dem Aufzug stehe .Eigentlich will ich in mein Zimmer. Und dann mache ich auf dem Absatz kehrt und suche ein Feuerzeug. Er sitzt noch im Rollstuhl, er ist noch sterbenskrank, ich kann ihn nicht heilen aber ich kann ihn anders sehen und:
Die Kippe ist ja noch kalt.

Früher

Gestern Abend war ich endlich fertig mit der Putzerei im und um das Pfarrhaus, mit Kehren, Aufräumen, Blumengießen und vielem mehr. Und als ich mich für eine Verschnaufpause auf meine Bank vor dem Haus setze, habe ich so bei mir gedacht: Jetzt ist Samstagabend auf der Ostalb und in ganz Baden-Württemberg.

Und da war das früher mal so:

Meine Mutter heizte, als ich noch klein war, den großen Badeofen an, so einen Kupferkessel, wie ihn damals alle hatten. Und dann durften wir Kinder baden...zuerst ich und dann mein kleiner Bruder, der eben dann den von mir hinterlassenen Schmutzrand an der Badewanne erleiden musste.

Danach gab es immer ein herzhaftes Vesper. Und: Siehe es war alles sehr gut!

Das war bei Euch allen sicher auch so! Immerhin handelte es sich dabei um ein allgemein gültiges schwäbisches Ritual.

Das gibt es nicht mehr heutzutage, leider, muss man schon fast sagen! Denn manch einer sollte doch mindestens noch durch so ein Ritual gezwungen werden, wenigstens einmal in der Woche zu baden.

Früher war das ein Gesetz. Das galt für alle. Und in den Familien gab es dafür normalerweise eine strenge Reihenfolge:

Zuerst durfte der Vater ins Badewasser, dann die Mutter, dann die Kinder.

Überhaupt: Früher!

Die Leute sagen ja, früher sei alles besser gewesen.

Unsere Luft, zum Beispiel. Und das Wasser, ja das auch, das war sauberer. Die Bauern bei uns hier haben noch guten Lohn gehabt für Ihre Arbeit; man hatte mehr Zeit: Für einen Schwatz über den Gartenzaun hinweg zum Beispiel. Und die Kinder, die waren früher folgsamer. Oh, ja! Der Pfarrer war noch eine Respektsperson...hört, hört! Und man sorgte für die alten Leute im Dorf und in den Familien.

Früher konnte man bei uns im Dorfladen noch Schuhcreme kaufen und bekam die neusten Nachrichten gleich mitgeliefert. Früher gab es einmal in der Woche Fleisch zu essen: Natürlich war man dann schlanker und gesünder, wenngleich natürlich auch ärmer als heute.

Und früher zappte man sich nicht allabendlich durch das Fernsehprogramm. Da lief das erste Programm mit der Christine vom Nachbarn auf dem Bänkchen vor der Haustüre.

Neulich hatten wir deshalb schon einen kleinen Diskurs, ja fast Streit über dies „Früher“:

Früher, hieß es, malten sich die Frauen nicht so an und sie gingen auch nicht ins Fitnessstudio sondern schauten nach ihren Kindern und steckten sie nicht wegen ihrer völlig unnötigen Selbstverwirklichung in so bitterböse Krippenplätze.
Ich begann nachdenklich zu werden an diesem Punkt:
Vielleicht sollte man oder auch frau doch einmal nachfragen, wann genau dies „Früher" war?
Meint „Früher" einfach nur „damals" oder meint das noch früher? War das, als mein Vater noch klein war oder als mein Großvater klein war oder als Napoleon klein war? Meint „Früher" die Zeit, als Dinosaurier über die Erde liefen? Das ist ein Problem! Ich muss doch wissen, welche Zeit gemeint ist mit „Früher".
Das für` s erste. Das scheint mir doch wichtig, dass wir uns darüber verständigen, wann genau diese Zeit war, wann die Umwelt sauberer, das Essen besser, die Mütter sorgender, die Väter noch Männer waren. Denn:
Als ich klein war, war das Wasser sauberer; aber mein Vater hat mir eben sein Badewasser überlassen und nach Rimini zum Baden konnten nur wenige fahren. Ich bin schon froh, dass beides heute nicht mehr so ist!
Und als mein Vater klein war, hatte die Familie nichts zu Essen, denn da herrschte Krieg. Auch als mein Großvater klein war. Und zur Zeit der Dinosaurier –tja, Leute- da gab es keine Zentralheizung und kein Klo.
Also, wann war diese Zeit. Dies „Früher", als alles besser war?
Ich habe mich das ernstlich gefragt und festgestellt:
Bei den meisten Menschen gibt es ein „Früher", das sie richtig romantisch und wunderbar finden: Das „Früher", als keine Traktoren auf den Bauernhöfen fuhren, es keine Motorsägen für die Waldarbeiter gab und erst recht keine Impfungen für das Stallvieh. Letzteres starb elend an den Folgen der Maul- und Klauenseuche. Und die Menschen oft an einer einfachen Grippe.
Auf der Ulmer Alb erzählte mir einmal eine Frau: „Die Menschen reden immer von der schönen und guten alten Zeit. Aber die war nicht immer nur schön! Die Gemeinschaft und der Zusammenhalt auf den Dörfern, ja, das war gut. Aber das andere gab es auch: Kinder wurden ins Bettchen gebunden, damit die Mutter auf dem Feld arbeiten konnte; der Acker trug nicht nur Früchte sondern genauso viel Steine, die es aufzuheben galt und die armen Leute mussten im Wald Beeren sammeln und auf dem Markt verkaufen gehen. Und die Winter waren fürchterlich und grausam kalt. Auch in der Kirche. Da musste ein rußiger Holzofen Stunden vor dem Gottesdienst angeheizt werden und das reichte noch nicht aus."

Das war auch „früher“.
Mir wurde schnell deutlich: Besser war es früher nicht in der guten alten Zeit!
Wir Menschen haben nur den Hang, Dinge und Ereignisse, die längst vergangen sind, im Nachhinein zu verklären und schön zu reden. Oft, weil wir mit dem Status quo nicht zufrieden sind. Weil wir nicht wissen, wo wir stehen, wo wir hingehen, wo wir herkommen.
Schlecht ist das ja nicht, wenn wir in diesem Zusammenhang an früher denken.
Wenn wir nachschauen und nachlesen, wie Menschen vor uns mit Problemen, auch ganz alltäglichen, umgegangen sind. Was taten sie, um sie zu ändern? Wie fanden sie Lösungen? Warum?
Im Grunde sollten wir es so machen, wie es schon der Apostel Paulus empfiehlt:
Prüft aber alles und das Gute behaltet! (1.Thessalonicher 5,2)
Oder wie der Evangelist Matthäus sagt:
Darum seid klug wie die Schlangen und ohne Falsch wie die Tauben. (Matthäus 10,16)
Wir sollten klug sein wie die Schlangen und prüfen, was wir brauchen können für das Leben und was doch nur unnötiger Krempel ist:
Und Krempel gehört nach tüchtiger Prüfung auf den Müll; der darf nie Gesetz werden!
Krempel ist, wenn einer sagt: “Das immer schon so, das muss so bleiben!“
Für mich klingt das nach Dienst am Götzen der den Namen „Tradition“ trägt.
Für mich sind einzelne menschliche Situationen und Bedürfnisse wichtiger als das.
Also: Wenn es einen Impfstoff gegen Maul- und Klauenseuche gibt, warum sollte man den nicht nehmen? Nur weil einer sagt; “Früher gab es das auch nicht“? Oder: Wenn ich mich gerne schminke, warum sollte ich dies nicht tun? Nur weil einer meint „früher haben sich die Frauen auch nicht geschminkt“? (orientalische Frauen- also auch die, von denen unser Altes Testament redet- haben sich mit Henna bemalt und gepflegt, geschminkt und geschmückt dass es eine Freude war!)
Und wenn ich mit meinem Auto heute viel schnell von A nach B komme, warum sollte ich mir anhören, dass man angeblich „Früher“ leichter zu Fuß ging?
Und warum sollte ich bei Baumfällarbeiten den Fuchsschwanz nehmen, wenn es doch mit einer Motorsäge leichter geht?
Ja, warum sollte ich all die guten Entwicklungen und Erfindungen der Menschheit nicht nehmen dürfen? Die Steinzeit ist doch vorbei! Und die schlimmen Kriegsjahre auch!
Und unsere Zukunft steht immer vor uns, kommt auf uns zu und fordert, dass wir sie in den Blick nehmen. Und für mich bedeutet das, dass wir ihr entgegengehen und die Anforderungen meistern, die noch auf uns zukommen. Denn Zukunft bleibt nicht stehen.
Das wusste schon Jesus Sirach:

Wenn man satt ist, soll man bedenken, dass man vielleicht wieder hungern muss; und wenn man reich ist, soll man bedenken, dass man wieder arm werden kann.
Denn es kann vor Abend ganz anders werden, als es am Morgen war; so schnell wandelt sich alles vor Gott.
Also: Nicht nur zurückschauen und über zerronnene Tage jammern, sondern vorwärts schauen und sich freuen, dass noch Zeit da ist. Zeit, um viel Gutes und Sinnvolles im Leben anzupacken.
Natürlich haben wir dabei immer das Problem: Was behalten wir an sinnvollem Wissen für die Zukunft und was sortieren wir aus? Was lehren uns die Altvorderen und was sollten wir vergessen?
Vermutlich wird es das Beste sein, immer unseren Verstand einzuschalten. Jeden Tag auf' s Neue. In unseren kleinen und in großen Angelegenheiten. Dazu haben wir ihn, den Verstand.
In manchen Dingen wird es gut sein- oh, ja, das werden wir entdecken- dem Rat der Alten durchaus zu folgen: Zum Beispiel wenn es um den Rhythmus des Lebens geht: Ans Lebensende denken, um ein weises Herz zu gewinnen; Wochentage und Sonntage unterscheiden, um gesund zu bleiben; nacheinander schauen, damit keiner alleine bleibt.(Vielleicht auch, dass Rosen einen Dünger brauchen und Kinder ab und an folgsam sein sollten?)
Das sind alte Wahrheiten!
Aber: Man sollte so genannte alte Wahrheiten stets überprüfen und über sie nachdenken. Sonst werden sie zu Götzen, die uns klein machen und halten. Und das muss beleibe nicht sein.
Wir sind ja schließlich Christen, also frei, wie Martin Luther sagen würde. Frei von allen Dingen, um uns zu allen Dingen auch eine eigene Meinung zu bilden.
Und diese Freiheit ist ein Gottesgeschenk. Wofür wir ihn natürlich loben dürfen.
Aber auch hier gilt: *Zu rechtem Lob gehört die Weisheit, dann gibt Gott Gnade dazu (Salomo.)*

 [15]

[15] Titelbild eines Prospektes der Ausländerseelsorge der Württembergischen Landeskirche

Geduld und Humor

Liebe A., lieber R.,

ich habe Euch heute ein Bild mitgebracht, von dem ich dachte, das passt ganz gut zu Euch....

Nein, natürlich seid Ihr in meinen Augen keine Kamele...obwohl, das kann ja noch kommen!

Nein, zu dem Bild gehört ein weiser Spruch aus dem Libanon, den ich in diesen Tagen auf einem Prospekt fand und den ich gleich dazu mitgeben möchte; ich halte ihn für nachdenkenswert, seit ich ihn das erste mal gelesen habe :

Geduld und Humor sind zwei Kamele, mit denen Du durch jede Wüste kommst.[16]

Ich fand das Wort nicht nur deshalb passend, weil ihr Euch 19... in Istanbul verlobt habt, wo man dem Orient- also Kamelen vielleicht ein wenig näher ist als bei uns hier. Ich fand ihn auch deshalb passend, weil R., der Casanova, zu Beginn Eurer Beziehung so unglaublich viel Geduld und Einfühlungsvermögen hatte, bis er Dich erobert hatte, A. Also...das ist glaube ich das größere der beiden Kamele da auf dem Bild. Nein, nicht R., sondern die Geduld.

Und dann denke ich, wenn ich Euch beide so auf der Straße treffe oder höre, wenn A. sagt: „Ich gehe jetzt heim zu meinem Muffti"...da ist ganz viel spielerisches, da ist Freundlichkeit, Humor in Eurer Beziehung und Humor auch im Umgang mit den Menschen um Euch herum. Ihr lacht gerne, Ihr habt auch beide nah am Wasser gebaut...aber das gehört ja vielleicht zusammen. Also noch einmal:

Geduld und Humor sind zwei Kamele, mit denen Du durch jede Wüste kommst.

25 Jahre Ehe. Ich will jetzt nicht sagen, dass 25 Jahre Ehe mit Wüste zu vergleichen sind, aber ganz sicher könnt Ihr nach all den Jahren sagen: Da war so unglaublich viel, was wir gemeinsam durchgestanden haben, nicht nur alltägliche Probleme und so diese Geschichte, wenn man sich auf die Nerven geht mit seinen Ticks nach einer gewissen Zeit ...wenn sie wieder mit einer unmöglichen Frisur heimkommt und er sich wieder mal nicht sauber rasiert hat und beim Küssen stupft.....weiß ich nicht....und dann haben wir durchgestanden, was auch war: Krankheit, zum Beispiel, gemeinsam haben wir das getragen; auch Familienprobleme, Umzüge, und Geld und Arbeitsfragen. Das kann man großenteils schon ein wenig vergleichen mit Wüstenzeit. Ich glaube, da haben Euch die beiden Kamele Humor und Geduld ganz schön geholfen.

---

[16] Sprichwort aus dem Libanon, Verfasser unbekannt.

Und natürlich hat Eure Wüste auch geblüht in den 25 Jahren, denn sonst wärt Ihr ja nicht hier, da ist auch ganz schön viel gewachsen, aufgegangen, da war Segen greifbar: Eure Liebe zueinander, interkulturell, interreligiös, zärtlich. Und die Geburt Eurer Kinder E. und K. Und bevor jetzt alle nachrechnen: Ja, E. war bei der Hochzeit am ... auf dem H. Standesamt schon unter einem sehr weiten Brautkleid mit dabei. Und Euer gemeinsames Haus jetzt hier in Z. seit 4 Jahren, Freunde...Mit Geduld und Humor hat die Wüste Blüten gebracht.

Geduld und Humor sind 2 Kamele, mit denen Du durch jede Wüste kommst.

In der Bibel, genauer gesagt im Alten Testament, dessen Geschichten wir übrigens vielfach mit denen des Korans teilen, gibt es die Erzählung zweier Menschen, die ebenfalls ein ganzes Stück durch Wüste miteinander gegangen sind. Es sind 2 Frauen.

Sie lernen sich kennen im Ausland. Die eine ist jung und einheimisch und spricht die Sprache dort; sie kennt sich sozusagen aus. Sie heißt Ruth. Und die andere ist alt, Witwe und ist zunächst die Ausländerin in der Geschichte. Sie hat eine andere Kultur als Ruth und einen anderen Gott und sicher andere Essgewohnheiten. Und sie heißt Naomi. Ruth heiratet Naomis Sohn. Aber der stirbt. Und ihre anderen Verwandten auch.

Naomi, die nun keine leiblichen Verwandten mehr im Ausland hat beschließt, wieder in ihre Heimat zurückzukehren; sie will ihre verwitwete Schwiegertochter zurücklassen: „Du kannst ja hier bleiben, das ist deine Heimat, du findest sicher wieder einen Mann".

Aber Ruth will davon nichts wissen. Im Gegenteil. Sie sagt zu ihrer Schwiegermutter:

Rede mir nicht ein, dass ich dich verlassen und von dir umkehren sollte. Wo du hingehst, da will ich auch hingehen; wo du bleibst, da bleibe ich auch. Dein Volk ist mein Volk, und dein Gott ist mein Gott.

Wo du stirbst, da sterbe ich auch, da will ich auch begraben werden. Der HERR tue mir dies und das, nur der Tod wird mich und dich scheiden.

Ein großes Versprechen, das Ruth da gibt...aber sie macht es auch wahr. Sie geht mit Naomi in das Land, das für sie nunmehr Ausland ist. Sie überwindet Kultur, Tradition, Religion, Sprache, nur um mit diesem Menschen zusammen zu sein.

Und auf dem Weg dorthin hat sie sicher nicht nur die beiden Kamele für Gepäck und Hausrat gebraucht, sondern auch die beiden mit Geduld und Humor...denn eine Wüstenzeit war das für die junge Frau sicher manches Mal.

Aber darüber hinaus, das kann man im Nachhinein sagen, hat sie auch noch ein drittes, unsichtbares Kamel dabei gehabt, mit dem sie durch diese Wüste gekommen ist: Ich würde sagen: Gottes Segen.

Es ist ja so: Auch wenn du dich noch so anstrengst: Humor und Geduld und Liebe kannst du ja nicht machen. Selbst produzieren...das habt ihr im Laufe und schon Beginn eurer Ehe sicher auch gemerkt. Und das war bei Ruth nicht anders. So etwas wird einem geschenkt.

Von Gott.

Ruth ist es im Übermaß geschenkt worden. Sie hat in der Folge der Geschichte mit ihrer Schwiegermutter Vertrauen gewagt und Liebe. Und es ist ihr reich zurückgegeben worden, weil sie dort, im fremden Land wieder einen guten Mann traf und heiratete, Kinder bekam. So wurde sie zur Ahnfrau Jesu.

Euch ist dieser Segen auch geschenkt worden. Sichtbar, fühlbar, über alles hinweg, was Menschen in unserer Gesellschaft und unter den Nationen trennt: 25 Jahre Liebe,25 Jahre Frieden,25 Jahre Glück. Auf einer grundlegenden, kann man sagen, interreligiösen Basis. Ich finde, das ist eine Hoffnung für Euch für die Zukunft, für die nächsten 25 Jahre.

Das ist aber auch eine Hoffnung für alle, die an Verschiedenheit, Intoleranz und Unfrieden auf der Welt leiden.

Wo du hingehst, da will ich auch hingehen; wo du bleibst, da bleibe ich auch. Dein Volk ist mein Volk, und dein Gott ist mein Gott. Wo du stirbst, da sterbe ich auch, da will ich auch begraben werden. Der HERR tue mir dies und das, nur der Tod wird mich und dich scheiden.

Ihr seid einst aufgebrochen mit zwei- nein drei Kamelen. Sie mögen weiter mit Euch gehen!

Unser aller Wohlwollen und unsere besten Wünsche habt ihr für eure Reise.

Schief

Lasst uns aufeinander achten und uns zur Liebe und zu guten Taten anspornen.
So, liebes Brautpaar, lautet das Wort aus dem 10.Kapitel des Hebräerbriefes, das ihr Euch für diesen Tag und somit als Begleitwort auch für Eure gemeinsame Zukunft ausgesucht habt.
Lasst uns aufeinander achten....das klingt so, als müsse man sich das nur vornehmen, voller Schwung und Elan und dann klappt das auch. Lasst uns aufeinander Acht haben und zur Liebe anspornen! Das klingt noch mehr wie so ein Kampfgeist oder Teamschlachtruf....so als würde Jogi Löw das zu seinen Jungs sagen: Lasst uns jetzt da rausgehen und gut sein! Oder wie in der Schule: Kinder lasst uns mal ein bisschen ruhiger sein! Oder wie bei der Steuer: Lasst uns mal sehen, wo wir sparen können! Als wenn man das nur sagen müsste und dann klappt das!
Wie ein Programm, dessen Umsetzung nur an Euch und Eurem guten Willen liegt.
Aber, das tut es nicht. Und ich denke, das wisst Ihr bereits. Viel habt Ihr schon erfahren und erlebt in Eurem Leben auch, was Eure Zuneigung zueinander betrifft, wisst Ihr, dass bloße Vorsätze nicht ausreichen.
Eure Liebe zueinander ist Euch von außen zugekommen. Nicht wie ein Vorsatz oder ein Programm umgesetzt worden: „Lass uns ineinander verlieben da im P. in H. und auf dem Oktoberfest!"....so etwas geht nicht. Das habt Ihr schon erfahren.
Weiter: „Lass uns den kleinen F. mit in die Beziehung einbauen!" Das klappt auch nicht, nur weil man es will, so ganz automatisch, auch wenn man unendlich viel Asterix und Obelix vorliest. Oder: „Lass uns mal hübsch nett zusammenwohnen!" Auch das geht nicht, nur weil man es sich vornimmt.
Denn: Erstens kommt es anders, zweitens als man denkt und das Leben ist sowieso mehr als ein Programm und mehr als ein bloßes menschliches Vorhaben, das man umsetzen müsste....wollen allein reicht nicht!
Also wenn Ihr das jetzt verstanden habt, dann kommen wir zur Umsetzung für Euch:
Und ich sag das jetzt mal so:
Ihr habt euch ein wunderbares Heim geschaffen.
„Lass uns zusammenwohnen, lass uns dies Haus umbauen, lass uns eine Flucht- und Trostburg beziehen". Das Programm hat in jedem Fall geklappt. Es ist schön bei Euch zuhause.
Und dennoch hat sich bei allem guten Willen ein kleiner, fast unmerklicher Fehler eingeschlichen:

Das rote Bild in Eurem Esszimmer, gegenüber dem ich während unseres Traugesprächs saß, das hängt nämlich schief...."lass uns eine schöne Wohnung haben".....merkt ihr? Das Vorhaben allein reicht nicht. Bei der Umsetzung kommen menschliche Schwächen zutage.
Und so ist das mit einer Ehe auch.
Lasst uns aufeinander achten und uns zur Liebe und zu guten Taten anspornen.
Das klingt als Vorhaben ganz toll für eine gemeinsame Zukunft, auch als Programm nicht nur für Euch allein sondern auch für die eineinhalb Kinder, die Ihr heute mitbringt. „Wir wollen gut zueinander sein und in unserer Familie füreinander da sein; wir wollen einander gut tun!"
Aber dies Wort als Motto für eure Ehe aufzunehmen und dann nur darauf zu schauen, dass es umgesetzt wird, das reicht nicht. So merkwürdig das bei so einem fast pathetischen Wort klingen mag. Der Berg an Beziehungsarbeit ist deshalb noch lange nicht abgetragen. Menschliche Schwächen und Fehler kommen nämlich als Probleme immer obendrauf dazu.
Einen gemeinsamen Alltag hattet Ihr noch nicht wirklich lange, sagt Ihr.
Und ein etwas schief hängendes Bild wird in Zukunft Euer geringstes Problem sein. Übrigens auch der abgegriffene Holzkorb im Wohnzimmer. All das ist schon noch zu toppen, um es mal in Euren Worten zu sagen! Manchmal wird der Haussegen schief hängen und manchmal wird Euch Eure Zuneigung abgegriffen vorkommen:
Z.B. Wenn R. vielleicht doch noch mal allein aufs Oktoberfest geht oder die M. sich in dieser neuen Situation (zu Hause sein, d.h. nicht berufstätig sein) sich nicht zu recht findet.
Wenn M. ab und an die Decke auf den Kopf fällt und R. bis spät abends arbeitet, heimkommt, sich Fladenbrot und Salat auf den Tisch stellen lässt ,müde ist und dabei gar nicht merkt, dass sie noch reden möchte, erzählen von F's. neuester Entdeckung oder dem ersten Zahn seines Brüderchens oder Schwesterchens. Der Haussegen hängt auch ziemlich schnell schief, wenn Zärtlichkeiten nachlassen.....ich meine jetzt die des Mannes, denn Bedürfnisse nach Streicheleinheiten haben statistisch gesehen die Frauen mehr und länger.
Oder ganz einfach, wenn es inmitten der schönen Wohnung und Eurer liebevollen Beziehung durch unvorhergesehene Dinge Einbrüche gibt, weil einer krank wird, weil einer keine Kraft mehr hat...weil...Vornehmen kann man sich ja immer viel. Aber!
Lasst uns aufeinander achten und uns zur Liebe und zu guten Taten anspornen.

Dies Wort klingt da wirklich gut und ich finde es mehr als nobel, dass Ihr es als Trauspruch ausgesucht habt. Ihr sagtet, dass eine Beziehung kein Selbstläufer ist, dass man sich auch füreinander und miteinander anstrengen muss....und das tut Ihr und das habt Ihr schon getan. Aber es genügt nicht! Es wird nicht genügen!

Darum habe ich Euch heute, sozusagen als Alternative zu dem Bild im Esszimmer noch eine Kleinigkeit als Geschenk mitgebracht: Ein Kreuz nämlich.

Es soll als Gegenüber zum schiefen Bild und zum abgegriffenen Holzkorb etwas ganz wichtiges für Euch und Eure kleine Familie verdeutlichen: Ohne die Kraft von oben, ohne die Liebe von außen, die Euch geschenkt wird, schafft Ihr den guten Vorsatz alleine nicht.

Das weiß auch der Hebräerbrief, der darum vor diesem Vers, also Eurem Trauspruch, schreibt:

*Er hat uns den neuen und lebendigen Weg erschlossen.....*und mit „Er" ist Jesus Christus gemeint.

Ohne den Glauben an Ihn bleiben alle guten Vorsätze Makulatur.

Darum möchte ich gerne, dass Ihr dies Kreuz auch aufhängt, gut sichtbar. Wenn es Euch gut geht und die Liebe das Leben reich und schön macht, dankt Ihm, dass Er sie Euch schenkt. Wenn Ihr traurig seid, verärgert, krank, zerstritten, dann betet zu Ihm: Um das rechte Wort zur rechten Zeit, um die Kraft für eine Zärtlichkeit, darum, vergeben und Neuanfänge schaffen zu können, darum, inmitten von Arbeit und Hektik Augenblicke zu finden und Phantasie für die Liebe.

Lasst uns aufeinander achten und uns zur Liebe und zu guten Taten anspornen.

Mit seiner Hilfe wird Euer Vorsatz gelingen .Er, der Leben schenkende, liebende Gott und Vater Jesu Christi sei Euch nahe. Er stehe Euch bei und erhalte Euch in der Liebe alle Tage Eures Lebens.

[17] Türe der Kirche in W.,Foto:Busch

Eroberungen

Die Eroberung Mexicos [18]durch Hernán Cortés zwischen 1519 und 1521 war - wie wir alle aus dem Geschichtsunterricht wissen- eine recht blutige.
Der europäische Eroberer, im Dienste der spanischen Krone kam, sah und siegte. Es gelang ihm, mit nur wenigen Soldaten die Städte der Azteken einzunehmen, zu zerstören und kostbares Gold zu Hauff außer Landes zu bringen. Mit ihm begann eine leidvolle Kolonialzeit, die bekanntlich erst zwischen 1810 und 1821 unter Führung des Pfarrers Miguel Hidalgo mit dem Aufstand gegen Spanien endete.
Die mexikanisch- europäische Kolonialgeschichte begann und endete- das ist über deutlich- mit Krieg und dem Tod vieler Unschuldiger.
Eine weitere europäisch- mexikanische Geschichte verlief jedoch bislang völlig unblutig: Die Eroberung und Besetzung eines mexikanischen Männerherzens nämlich.
S. S. kam, sah und siegte. Weniger nach der Art eines Cortés ,eher, so könnte man sagen nach der Art wie sie Gabriel Garçia Marquez schildert. In seinem wohl schönsten Buch : „Die Liebe in den Zeiten der Cholera“ [19]beschreibt der Nobelpreisträger und Kolumbianer mit Wohnsitz in Mexiko ,wie am Ende, gegen alle Widrigkeiten ,Unebenheiten und Probleme die Liebe siegt .Die Liebe, die warten kann, die einfühlsam dem anderen begegnet, die zärtlich ist, geduldig, ausdauernd. Keiner erfährt diese Liebe schmerzlicher als Florentino Ariza, der 51 Jahre, 9 Monate und 4 Tage auf die Frau seines Lebens, Fermina Daza wartet und sie im Alter doch noch erobert.
„Nichts auf der Welt ist schwieriger als die Liebe“, sagt Gabriel Garçia Márquez in seinem Buch, und ich glaube, liebe Anwesenden, dass er damit Recht hat.
Liebes Brautpaar,
ich denke, dass auch Ihr, nach nunmehr 10 Jahren zustimmen könnt in den Satz von Marquez:
Nichts auf der Welt ist schwieriger als die Liebe.
Ihr habt Euch 19...kennen gelernt; aus dem einen Jahr Mexikoaufenthalt sind im Nu ....Jahre geworden und Ihr habt gemerkt: Wir mögen uns, aber da sind einfach auch 2 Kontinente, 2 Familien, 2 Kulturen und da ist Vergangenes. Wie geht das alles zusammen?
Nichts auf der Welt ist schwieriger als die Liebe! Wer wüsste das besser als Ihr, die Ihr zwischen Mexiko und W. und zwischendurch auch W. hin- und- her pendelt ,dabei zwei

---

[18] Geschichte Mexicos, wikipedia.de ,Die Eroberer
[19] Gabriel Garçia Marquez: Die Liebe in den Zeiten der Cholera, 2002, Kiepenheuer & Witsch

Kinder großzieht ,einander in kleinen wie großen Angelegenheiten Partner seid und die Kontakte auch zu Freunden und zu den Familien pflegt und nicht aufgebt?

Nichts auf der Welt ist schwieriger als die Liebe. Und doch haben Sie, S.- anders als Cortés, die Form der Liebe als Ihre Eroberungsstrategie für Mexiko gewählt. Die Form der Liebe eines Florentino Arizas ,geduldig wartend bis es möglich wäre ,für immer zusammen zu bleiben.

Es ist mir ganz klar gewesen, eigentlich von vorneherein nach unserem Traugespräch, dass Sie ein Wort aus dem 1.Korintherbrief wählen würden; und so ist es auch.

Ein Wort ist es über die Liebe, aus dem 13.Kapitel,Vers 7. Dort heißt es:

Wer liebt, der gibt niemals jemanden auf, in allem vertraut er und hofft er für ihn; alles erträgt er mit großer Geduld.

In der Tat, liebes Brautpaar, war Euer gemeinsamer Weg bis zum heutigen Datum ein weiter und durchaus manchmal nicht einfacher Weg. Ich sage das, ohne das näher zu benennen, denn ich denke, jede und jeder hat hier seine eigenen Bilder und Geschichten vor Augen.

Die Frage ist, ob Euer gemeinsamer Weg in Zukunft ein anderer sein wird.

Gewiss, Ihr habt in diesen 10 Jahren sicher gemerkt, dass über alle globalen und kontinentalen Schwierigkeiten hinaus auch noch der Alltag da ist, mit Schwierigkeiten und Problemen ganz anderer Art, nicht weltoffen sondern kleinkariert. Und sicher habt Ihr dabei auch schon gemerkt, dass nichts schwieriger ist, als über alledem die Liebe füreinander zu behalten.

Aber wird sich das in Zukunft ändern, weil Ihr jetzt einen Ring am Finger habt?

Lassen Sie uns Realisten bleiben! Wie wird das sein, in weiteren 10 Jahren Ehe? Wenn er den Hochzeitstag vergisst, oder sie schon wieder so viel telefoniert hat, dass die Telefonrechnung ins Unermessliche steigt? Wie wird das sein: Wird es weiter Komplimente geben für ein gut gekochtes Essen und ein hübsches Kleid? Wird sie nach einem fürchterlichen Tag mit den Kindern noch Lust haben auf ihn? Wird permanentes Heimweh- nach Deutschland oder Mexiko, die Sehnsucht nach dem je eigenen Kulturkreis Euch nicht doch irgendwann hindern, wohnhaft und sesshaft zu werden in der Heimat und im Herzen des Partners?

Wer liebt, der gibt niemals jemanden auf, in allem vertraut er und hofft er für ihn; alles erträgt er mit großer Geduld; so schreibt der Apostel Paulus.

Aber nichts ist schwieriger als eben das: Wenn der Partner nervt, den anderen alleine lässt, wenn beide verschiedener Meinung sind:

Geduldig zu bleiben, zu vergeben, das Gespräch zu suchen, die Zärtlichkeit nicht vergessen, einander lieben trotz allem, was dagegen spricht. Bis ins Alter. Nichts ist schwieriger!

Was hilft?

Der Apostel Paulus sagt: Bemüht euch darum, dass euch die Liebe geschenkt wird!

Was dahinter steckt ist dies: Liebe kann man nicht machen. Ich denke, das ist für jeden von uns über deutlich. Liebe widerfährt einem Menschen von außen oder innen - ohne dass er dies Gefühl auf Knopfdruck herstellen, herbei ordern- oder gar abstellen könnte.

Wir Christen nun glauben, dass uns dies Liebe, die wir füreinander empfinden, mal mehr, mal weniger stark - dass uns diese Liebe geschenkt wird. Von Gott.

Uns allen- und Euch beiden .

Gott war es, der Euch in Mexiko -sozusagen über die Kontinente hinweg-zusammengeführt hat .Er war es, der Euch schwierige Situationen in der Vergangenheit hat überstehen lassen und einen Neuanfang hat wagen lassen trotz aller Enttäuschung. Er war es, der Euch zwei gesunde hübsche Kinder schenkte. Er wird es auch sein, der Euch in allen kommenden Tagen und Zeiten Liebe schenkt. Immer und immer wieder. Wenn Ihr Ihn darum bittet. Wenn Ihr Sein Angesicht sucht.

Wenn Euch nichts wichtiger ist als das: Eure Liebe zueinander: Vertraut Gott, dem Herrn, glaubt, nehmt Ihn mit in Eure Ehe, wo auch immer Ihr einmal leben werdet. Wo auch immer das Schicksal Euch hin verschlägt .Er möge Euch erhören, bewahren, segnen!

Ein Kinderspiel?

liebe Familie B., liebe Angehörigen, liebe Trauergemeinde,

Was ich dabei habe, heute, Sie sehen es: Ein Kinderspiel. Sie haben es mir mitgegeben, als wir am Montagabend beieinander saßen. Der Verstorbene selbst hat es gebaut.

Ich habe es mitgebracht, weil es mich beschäftigt hat. Eine Stange, darauf Holzplättchen, eingraviert: Zahlen. Hüben und Drüben kleine Pfosten ,in denen Würfel versteckt sind. Eine simple ,aber leicht zu handhabende Konstruktion, vor allem in Kinderhänden.

Ein Kinderspiel, oder doch ein Erwachsenenspiel ?

Ein Kinderspiel ist das ja nicht gerade, geboren werden ,über diese Erde gehen als einigermaßen anständiger Mensch , und dann auch noch etwas hinterlassen, zustande bringen, etwas, das bleibt.

Ein Kinderspiel ist das nicht, krank zu werden und den Tod vor Augen zu haben oder auf der anderen Seite, Menschen zu verlieren, weiterzumachen, dennoch, obwohl man gar nicht mag.

Wahrlich! Kein Kinderspiel, das Leben. Wie oft sind die Würfel gefallen, Entscheidungen über deinen Kopf hinweg getroffen; du hast gar keine Wahl? Wie oft heißt es: Du bist am Zug, mach doch, sage doch ,entscheide...und dir fällt gar nichts ein und du bist hilflos und möchtest davonlaufen weil du merkst, eigentlich kannst hier nur alles falsch machen....

Dennoch: Es bleiben die Zahlen darauf und sie faszinieren mich. Und zu jeder Zahl fällt mir etwas ein, das wir über den verstorbenen Mann, Vater und Großvater M.B. sagen könnten:

Die Zahl 1 :

Gemeinsam mit einem Bruder wuchs er auf in S., auf der kleinen Landwirtschaft seiner Eltern.

Die Zahl 2 :

Zwei große Verliebtheiten prägten sein Leben: Die eine: Seine Frau, die er am … hier in E. vor den Traualtar führte, und die andere: Seine heiß geliebte Dauerbaustelle, die „Ranch".

2 Kinder wurden ihm zwischen …und … geboren.

Die Zahl Drei :

Mit drei Jahren zieht M. mit seiner Mutter von S., wo er geboren wurde hinauf nach S. zum Vater.

3 Enkel hat der Großvater erleben dürfen, 3 Enkel, die eine gute, liebevolle Beziehung zu ihrem Opa hatten.

Und dann: Vor drei Jahren erlitt er den 2.Schlaganfall.

Die Zahl Vier :

Vor 4 Wochen kommt M.B. aus dem Krankenhaus, in das er am 28.Januar wegen Durchblutungsstörungen eingewiesen wurde. Vor 4 Tagen starb er, zu Hause, umsorgt und gepflegt und umwacht von der ganzen Familie.

Die Zahl 5 :

Mehr als 5 Briefmarkenalben sicherlich lagern nun oben auf der Bühne, mehr als 5 Schrauben in der Garage, seiner Werkstatt. M. B. war ein Werk- und Bastelbegeisterter, ein Sammler und Tüftler .Und: Mehr als 5 Schachteln Zigaretten hat er sicherlich auch in seinem Leben geraucht.

Die Zahl 6 :

Der 6.Monat im Jahr .....Am ... kommt der W. zur Welt. Am ... hat M. B. da auf der G...Steige einen folgenschweren Motorradunfall. Bis zuletzt hat er deswegen Probleme mit Hüften und Becken.

Die Zahl 7 :

Am ... wird M. B. geboren.

7 Tage in der Woche musste M. die Landwirtschaft umtreiben und den kleineren Bruder umsorgen, als die Mutter ...jährig starb und der Vater in Gefangenschaft saß.

Vor 7 Jahren dann auch der erste Schlaganfall.

Die Zahl 8 :

Diese Zahl steht für mich für die 80 er Jahre ,in denen M. nach einer OP frühzeitig in Rente gegen muss .Er weiß die Zeit zuhause aber gut zu füllen ,baut Hütten ,hilft im Dorf jedem, der ein Werkproblem hat, leiht Materialien, Werkzeug; Sie beide ,liebe Frau B. haben Zeit für Ausflüge, fahren jedes Jahr ins B. zur Weinlese.

Die 8: Auch für den Monat August im Jahr ...,als der neue Traktor vor der Tür steht ,und M's Herz hüpft wie das einen kleinen Jungen.

Die Zahl 9 :

9 ½ Wochen liegt M. nach seinem schweren Motorradunfall im Krankenhaus.

Das ist mir zur 9 eingefallen. Darüber hinaus aber noch etwas ,eine Stelle in der Bibel nämlich.

Jesus Sirach schreibt:

Neun, die ich im Sinne habe, preise ich und das Zehnte liegt mir schon auf der Zunge:

Ein Mann, der Freude erlebt an seinen Kindern, und wer bei Lebzeiten seine Feinde stürzen sieht, Glücklich der Gatte einer vernünftigen Frau, und wer nicht mit Ochs und Esel zusammen pflügen muss. Glücklich, wer mit seiner Zunge nicht zu Fall kommt und niemandem dienen muss, der seiner unwürdig ist. Glücklich, wer die Klugheit fand und wer sprechen darf zu Ohren eifriger Hörer. Wie groß ist, wer da Weisheit fand, aber keiner ist über dem, der den Herrn fürchtet. Die Furcht des Herrn überragt alles; wer an ihr festhält, mit wem ist er zu vergleichen?

Die Furcht des Herrn- das zehnte, das größte .Das wichtigste, vor allen anderen Dingen, die Jesus Sirach nennt: Eine vernünftige Frau, keine Feinde, Freude an den Kindern, einen guten Job, gute Kollegen, eine Zunge, die man im Zaum halten kann. 9 ganz verschiedene Lebenserfahrungen. Und zumindest von 5 dieser 9 können wir heute im Rückblick für M. B. sagen, dass sie da waren: Die Frau, die Kinder, der Beruf, keine Feinde, gute Kollegen und Nachbarn.

Nun könnte man sagen: M. B. hat auf den Blättchen seines Spiels nur die Zahlen 1-9 eingraviert. Wo ist die zehn? Fehlt sie am Ende nicht nur hier sondern auch in seinem ganzen Leben?

Liebe Trauergemeinde, ob einer Furcht vor Gott hatte, ob er glaubend durchs Leben ging, lässt sich von außen her immer nur ganz schwer sagen. Auch wenn wir meinen, das müsste man an diesem oder jenem sehen-keiner von uns Sterblichen hat je in das Herz eines anderen so gesehen, dass er es wirklich mit Sicherheit sagen könnte!

Ich denke aber, dass allen Menschen ,die sterben ,Gott erscheint, sie auffängt und hält, sie von der Stunde ihres Todes an wissen: Da ist einer- ja Gott sei dank - da ist einer da für mich in dieser Stunde ,in diesem Dunkel ,in dieser Angst. Das ist wieder wie bei unserem Kinderspiel hier: Die Zahlen mögen sich so oder so drehen und die Würfel fallen, wie sie mögen- da ist dennoch Halt, Bewahrung, Stabilität durch die Stange. Wir könnten sagen: Die hat was mit Gott zu tun.

M. B. ist bei Gott. Und ich wünsche denen, die um ihn trauern, dass sie das erleben in den nächsten Tagen, Wochen, Monaten, dass auch sie gehalten sind in all dem Schmerz und der Trauer, dass sie spüren, dass auch mit ihnen einer mitgeht durchs Leben.

Letztlich aber bleiben wir immer zurück nur als Ahnende. Oder als Suchende.

Wir wissen nicht immer, wo Gott ist in unserem Leben, wir suchen Ihn auch nicht immer, oft suchen wir nur uns selbst, unser Vergnügen, unseren Erfolg, unser Auskommen...das Zehnte: Die Furcht des Herrn das Rechnen mit Seinem Eingreifen, mit Seinem Vorhandensein, das dürfen wir nicht vergessen. Warum ?

Weil es unserem Leben die Tiefe gibt, die Oberflächlichkeit nimmt, weil es uns dankbarer, zufriedener und letztlich gegeneinander liebevoller macht. Kurzum: Weil es unser Leben zu einem macht, das den Namen überhaupt erst verdient.

M. B. ist tot. Wir leben weiter. Wir haben noch Zeit. Und ich hoffe und möchte hinzufügen: Noch viel, nämlich um Gott zu suchen .Fangen wir damit an!

[20]

[20] Eingang zur Sakristei der Kirche in E., Foto: Busch

Einladend

Liebe Angehörigen ,liebe Trauergemeinde
ich bin ganz ehrlich: Es war der Kaugummiautomat, der mich in den vergangenen Jahren in die Hirschgasse zog. Und eigentlich auch nicht mich, sondern meine Tochter: "Hast du Geld für einen Kaugummi?", war die Standardfrage, als sie kaum 4 Jahre alt war. Und hatte ich gerade einmal nichts passend, war das auch egal! Man konnte sicher sein: Einer würde das Geld schon wechseln können, dort in der Gasse, manchmal der Georg in seiner Werkstatt, am ehesten aber die Hirschwirtin.
Die, das wussten wir, war immer da, hütete das Haus und den Tresen, obwohl sie kaum noch zu gehen vermochte. "Komm, das bekommst Du von mir"...das wusste meine Tochter auch bald, dass die Hirschwirtin kleine Kinder mochte und nicht genau auf das Zehnerle guckte und auch nicht immer wechselte, sondern meistens sogar schenkte. Und aufs Klo im Hirsch durfte man bei der Gelegenheit auch gleich.
Zwischendurch funktionierte der Kaugummiautomat nicht, aber dann waren die Fenster erleuchtet und Stimmen drangen auf die Gasse. Dann - das wussten wir- schenkte die Hirschwirtin dem Cross- Club oder dem Stammtisch ein und saß selber dabei und man wechselte statt der Zehnerle die neuesten Nachrichten aus dem Dorf. Feucht fröhlich, verlässlich, ja beinahe familiär.
Wie schade, liebe Brüder und Schwestern, dass sie nun tot ist!
Nicht nur für die Kinder, die einen Zehner wechseln wollen, sondern auch für all die anderen, die bei der Hirschwirtin jahrelang aus und eingingen, die dort ein kühles Bier und Geselligkeit fanden. Familienanschluss. Und das, wer weiß wie lange schon. Wie schade für sie alle, für uns hier. Aber vielleicht nicht unbedingt für die Hirschwirtin selber. Sie hat nun hinter sich gelassen alle Schmerzen und alle Not und ist nun selbst Gast am Tisch eines viel größeren Wirts. Dem braucht sie nichts zu erzählen- er weiß es alles schon längst- und er wird ihr gewähren und schenken, was immer sie nun nötig hat und wird sie entschädigen für all das, was sie auf Erden verloren hat oder entbehren musste. Ich bin sicher, sie ist aufgehoben nach diesen 80 Jahren Leben in einer mehr als geselligen Runde.
Blicken wir zurück:
Biographie
Zu ihrer Konfirmation hat M.S. am ... ein Wort aus dem Johannesevangelium mit auf den Lebensweg bekommen. Dort heißt es:
Wer an den Sohn glaubt, der hat das ewige Leben...(Johannes 3,36.)

Wer an den Sohn glaubt, heißt es da, an den Gottes Sohn, der hat das ewige Leben.
Übersetzen würde ich dieses Johanneswort heute einmal so:
Wer sich einladen lässt vom großen Gastgeber, vom Wirt dieser Welt, wer der Einladung folgt, der ist gut bedient und aufgehoben. Der hat ein Dach über dem Kopf und einen vollen Krug mit geglücktem Leben vor sich; der braucht sich nicht darum bemühen, alles selber und alles allein zumachen. Der darf fünf gerade sein lassen. Der darf alle Viere von sich strecken und wissen:
Der Wirt, dieser Wirt, sorgt für ihn, denn er lädt an einen Tisch, den er reich gedeckt hat:
Voll gefüllt sind Kannen und Schalen: Brot des Lebens, sagt er und: Nimm und iss! Freue dich am Leben, genieße die Zeit, blicke dankbar auf erlebtes Glück und auf die Erlösung von allem, was dich knechten will! Nimm hin und trink, sagt er: In vollen Zügen trink aus den Kelch der Liebe, der Hoffnung, des Glaubens, der Vergebung all dessen, was dich bedrückt und belastet!
Ich bin der Gastwirt- gesagt, liebe Brüder und Schwestern hat Jesus das nicht von sich, aber gelebt hat er es. Gegessen und getrunken hat er mit Menschen, die nichts wert waren in den Augen anderer.
Von Tischen hat er erzählt, an die Gott einlädt:
Wie der Vater den Tisch decken lässt für den zurückgekehrten verlorenen Sohn, wie der König Menschen zu einem Gastmahl einlädt und wie im Reich Gottes ein großes Festmahl gehalten wird.
Ich bin der Gastwirt! Jesus hat das gelebt und Menschen eingeladen, mit ihm zu essen und zu trinken- wer immer sie waren!
Und er tut es noch heute und er tut es hier. Wir dürfen der Einladung folgen. Und statt uns dann einst die Rechnung zu präsentieren, sagt Jesus, der Wirt, lieber: Es war mir ein Vergnügen- und lacht! Und er empfiehlt: Macht es wie ich, ladet Menschen zu euch ein und das Fest des Lebens wird in Ewigkeit nicht aufhören.
Andere einzuladen, für sie den Tisch zu decken und aufzuwarten, das kostet etwas, liebe Brüder und Schwestern. Jesus hat es das Leben gekostet.
Andere einzuladen, bedeutet auch für uns, dass es etwas kostet, bedeutet für uns, zu teilen: Den Raum, die Zeit, den Platz am Tisch, Essen und Trinken, aber auch: Gaben und Defizite, Schwächen, Stärken, Albträume und Träume, Glück und Hoffnung.
Wer an den Sohn glaubt, der hat das ewige Leben- wer an den Wirt dieser Welt glaubt, wird selbst zum Gastgeber für andere. Und da, mitten unter uns ,in den kleinen Zeichen und Gesten, im gemeinsamen Essen und Trinken, im Dasein für andere ,wächst Licht in der Finsternis, hat der Tod und die Zerstörung nicht mehr das letzte Wort, wohnen

Hoffnung ,Glaube und Liebe. Und, liebe Brüder und Schwestern: Da wohnt Gott. Er gebe uns noch reichlich Zeit, einander zu solchen Gastgebern zu werden.

Schicksalsberg

D. ist tot. Am 12.Dezember ist er von zuhause aufgebrochen, Sie selbst, liebe Familie G. haben ihn zum Zug gebracht, haben sich von ihm verabschiedet...und dann war klar:
D. kommt nicht wieder. Steigt auf diesen Berg in Chile, wie er auf so vielen Gipfeln schon war, und jedes Mal haben Sie gebangt und gehofft, er möge doch heil da wieder runter kommen. Und jetzt steigt er auf diesen Berg...und wovor Sie sich schon so oft gefürchtet haben, ist bittere Wahrheit geworden: Das Bergsteigen hat Ihren Sohn das Leben gekostet. Voller Trauer und Schmerz halten wir die Überreste seiner Expedition in Händen, die Filmrollen ,den kleinen Kocher, Die Karten mit der Route, wir blicken auf die vielen Fotos ,die seine Wege hoch hinaus dokumentieren, und fassen es nicht:
Warum nur, warum hat er solche Touren gemacht?
Und: Warum ist es jetzt und warum ist es so passiert? Hat er nicht aufgepasst, war da eine Lawine, war er zu unvorsichtig?
Andererseits: Wissen wir das sicher, dass D. noch leben würde, wenn er diese Bergtouren nicht gemacht hätte? Und wissen wir das sicher, ob er in einem anderen Leben glücklicher gewesen wäre?
Ich für meinen Teil, kann das verstehen, dass er da hinauf wollte. Auf den Berg. Wer die Welt einmal von oben gesehen hat, will wieder da rauf. Koste es, was es wolle! Berge sind Heilige Orte. Orte, an denen Du Dir selbst- und an denen du Gott begegnest. Da oben stehen, wissen, du hast es geschafft, du hast deine eigenen Grenzen überwunden, du hast nicht klein beigegeben.
Und dann: Diese unendliche Weite- dieser Blick hinaus auf die Welt, dem Himmel so nahe, Ziel für etwas das du erreichen willst, sein willst, diese unglaubliche Schönheit ,die Dich umgibt...Berge sind Heilige Orte.
Im Bücherregal am Montag, finden wir dann das Buch .Es hat einer geschrieben, der es wissen muss: Reinhold Messner. Ob es D. auch so ging, wie ihm?
„Dort oben habe ich das Gefühl, in einem Nichts verschwinden zu können, das Leben kann ich auf einmal als Ich erfahren, die Sinnfrage des Leben scheint aufgehoben, ich bin eins mit dem All ,ich habe Anschluss an das Unendliche .Wenn ich unterwegs bin zu einem Gipfel ,spüre ich ,wie ich zu meinem Selbst unterwegs bin. Je weiter ich nach oben steige, desto tiefer vermag ich in mein Inneres zu gelangen.[21]

---

[21] Reinhold Messner: Berge versetzen, Credo eines Grenzgängers

Ist D. auf diesen Wegen hinauf in die Gipfel an sein Innerstes gelangt? Haben die 32 Jahre, diese viel zu kurze Zeit, ausgereicht, um überhaupt zu sich selbst zu finden? Oder zu Gott ?

Blicken wir zurück:

Biographie

Ein kurzes Leben. War es das? War es das wirklich?

Wann kann man ein Leben kurz oder lang nennen?

Liebe Trauergemeinde,

Wie lange mein Weg noch ist, wie viele Höhe ich erklimmen werde und in wie viele Tiefen ich noch fallen werde- ich weiß es nicht. Mag sein ,dass hinter dem nächsten Stein, dem nächsten Halt auch für mich das Aus kommt, mein Absturz ins Bodenlose .Mag sein ,dass ich noch unendlich viele Gipfel der Freude und des Glücks vor mir habe .Was einen Weg ,steil oder einfach macht ,lang oder kurz oder zu kurz, wer kann das schon sagen. Ob ein Lebensweg erfüllt, sinnvoll, gelungen ist, das hängt nicht nur von der Länge ab .Es ist aber auch nicht egal. Und was D. betrifft so glaube ich, dass er in einem Tempo seinen Lebensweg gegangen ist, das doppelt so schnell war wie das Tempo anderer Menschen .Und auch viel intensiver. Und: Er hat sich diesen Weg in aller Freiheit selbst gewählt. Auf einem anderen wäre er nicht glücklich gewesen. Es war sein Weg .Und ich denke, das hat ihn erfüllt.

Und wir ?

Liebe Familie G. und all ihr denen D. etwas bedeutet hat :

So groß wie die Liebe ist, so groß ist auch der Schmerz, sagt man. An der Größe des Leides misst sich das Maß der Freude, das uns mit diesem Menschen verbunden hat.

Mitten in Ihrer Trauer und Ihrem Schmerz möchte ich Ihnen dies Bild eines kleinen Engels schenken. Er sitzt, ein Taschentuch in der Hand auf einem Mauervorsprung einer Kirche .Er sitzt da, wo Abschied genommen wird. Und er trägt eine besondere Botschaft von Gott, dieser Engel. Seine Tränen wollen sagen: Gott weint mit und er weicht dem Schmerz und der Trauer nicht aus .Gott liebt, und er ist so wie wir, unsäglich traurig über diesen Verlust. Das Taschentuch wischt die Tränen aus den Augen: Ein Satz aus der Offenbarung des Johannes fällt mir ein: *„Und Gott wird abwischen alle Tränen von ihren Augen", „denn eure Traurigkeit soll in Freude verwandelt werden",* eure Hoffnungslosigkeit in Dankbarkeit, diesen einen Menschen gehabt zu haben, erlebt zu haben. Deshalb, steh auf und fürchte dich nicht!

Also: Was bleibt uns jetzt zu tun? Was würde D. von uns erwarten?

Ich gehe davon aus, dass er nicht möchte, dass wir an seinem Grab und in unserer Trauer wie angewurzelt stehen bleiben. Dass wir so traurig sind, das ist vielleicht noch in Ordnung für ihn, aber ich denke, dann sollen wir auch wieder weitergehen auf unserem Weg, von dem wir nicht wissen wohin er uns führt und wie weit er noch ist.

Und Gottes Weg mit uns soll eine Abenteuerreise sein mit vielen Mutproben und Umwegen und soll führen auf die Gipfel der Liebe zueinander und füreinander. Auf den schwierigen Grad der gegenseitigen Achtung und der Fürsorge .Dahin sind wir gewiesen, dahin sollen wir gehen .Zu denen, die uns brauchen, unseren Rat, unseren Trost, unsere Zeit und Aufmerksamkeit.

Und dahin wird Gott selbst uns begleiten, was auch immer uns dabei zustoßen und begegnen mag. Er liebt mit, er hofft mit, er glaubt mit, er weint mit.

Und zuletzt am Ende unseres Weges wird er all unsere Tränen abwischen und uns auffangen in seinen Armen. Dort werden wir geborgen sein- dort –so ist unser Glaube- werden wir einander wiedersehen .Und kein Leid und kein Geschrei wird mehr sein.

(Eric Claptons Song wird an dieser Stelle eingespielt)

Eric Clapton hat dies Lied geschrieben in einer Situation, die der Ihren, liebe Familie G. ganz ähnlich war, nachdem er seinen 5 – jährigen Sohn verloren hatte. Er hat versucht, mit seinem Lied, seinen Worten, sich und anderen Mut zu machen, in die Zukunft zu sehen.

Es heißt: Tears in heaven:[22]

Würdest du mich kennen im Himmel-
Wenn ich dich wieder sehe im Himmel
Wäre es genau wie jetzt,
wenn ich dich dort sehen würde?
Stark muss ich sein und weitergehen.
Ich weiß- hier im Himmel
Ist jetzt noch nicht mein Ort.
Würdest du meine Hand halten,
wenn ich dir begegnete-
dort im Himmel ?
Würdest du mir aufhelfen,
wenn ich dir begegnete-
im Himmel ?

[22] Eric Clapton: Tears in heaven, Album :Rush, 1992

Ich muss und ich werde meinen Weg finden durch Tag und Nacht.
Ich weiß- hier im Himmel
Kann ich noch nicht bleiben.
Die Zeit kann einen beugen.
Die Zeit zwingt einen in die Knie.
Die Zeit kann einem das Herz brechen
Und zwingen zu bitten.
Jenseits der Tür gibt es einen Ort-
Das weiß ich.
Und ich weiß- Dort gibt es keine Tränen mehr. Dort, gibt es keine Tränen mehr.

Vielleicht, Wenn wir das glauben könnten, liebe Trauergemeinde, dann könnten wir das Leben wieder leise lieb gewinnen irgendwann, trotz und mit dieser Katastrophe, die ihre Narben hinterlassen wird. Dann werden wir unseren Weg finden, durch alle Dunkelheiten hindurch .Zu einem Leben, das trotz allem- einen Sinn hat.

23

[23] Kornfeld bei Z., Foto: Busch

Der Pflüger

Felder in goldener Sonne, rauschender Wald, atemberaubend schöne Landschaft, der Geruch der Erde, tiefes Einatmen, vor dem Haus sitzen nach der Hände schwerer Arbeit. Kühe, die gesund sind, Katzen im Stroh, eine Familie, die zur Ruhe kommen könnte-endlich und ....eine gerade Furche hinterm Pflug des Lebens.

Es könnte alles so wunderbar sein!

Aber nicht dieses Jahr. Dies Jahr ist der Sommer heiß und schwer und er lastet schwarz auf unserem Gemüt, denn *ein Pflüger geht übers Land*[24]:

Es geht ein Pflüger übers Land,
der pflügt mit kühler Greisenhand
die Schönheit dieser Erden.
Und über Menschenplan und -trug
führt schweigend er den Schicksalpflug,
vor dem zu Staub wir werden.

So pflügt er Haus und Hof und Gut
und Greis und Kind und Wein und Blut
mit seinen kühlen Händen.
Er hat uns lächelnd ausgesät
und hat uns lächelnd abgemäht
und wird uns lächelnd wenden.

Ein Pflüger geht übers Land. Am Abend es vergangenen Samstag hat er mit kühler Hand droben am I. seinen Pflug durch irdene Menschlichkeit gezogen und das Leben Eures Mannes, Vaters, Schwiegervaters, Bruders, Großvaters, Urgroßvaters K. H. abgemäht, umgebrochen, gewendet. *Ein Pflüger geht übers Land.* So wie es war, ist es nicht mehr, Zeit und Raum Eures gemeinsamen Lebens auf dem Hof -und darüber hinaus -sind anders als zuvor. Es scheint wirklich so, wie nach dem Pflügen eines Ackers: Das unterste wird zuoberst gedreht, zerwühlt, die Erdscholle gewendet, eine Schneise gezogen. Durch den Boden zieht dieser Pflug, durch Euer Herz, liebe Angehörigen, Eure Seele und er hinterlässt offene Wunden.

---

[24] Ernst Wiechert, Es geht ein Pflüger über‘ s Land, Sämtliche Werke Bd.10,1957

Und dennoch ist es derselbe Pflüger, der uns auch ausgesät hat. Ihm verdanken wir das Leben dessen, von dem wir heute Abschied nehmen müssen.

Was er wendet? Unseren- und K. H. irdischen Leib in den unvergänglichen. Unser –K. H. bisheriges Leben in ewiges Leben dort, in seinem Reich. In Gottes Reich.

Deshalb wendet er die Erde unseres Daseins lächelnd. Es geht weiter. Unvorstellbar. Aus dem alten wird neues Leben ohne Leid ohne Schmerz. Abgestorbenes und Welkes und Schmerzhaftes wird untergepflügt. Welch ein Glück!

*Wer seine Hand an den Pflug legt und sieht zurück, der ist nicht geschickt zum Reich Gottes…*Ein Wort Jesu. Und: Wieder der Pflug.

Bleibt uns der Zugang für das Reich Gottes tatsächlich verwehrt, wenn wir zurückblicken? Ist es nicht normal, dass wir gerade jetzt innehalten, schauen, ob die Furche gerade lief in unserem Leben? In K.H.' s Leben? Blicken wir zurück:

Biographie

Ich glaube, die Furche des Lebenspfluges ist gerade gezogen, durch Erde voller Holpersteine, nicht ohne manch steinige, dist' lige, trockene Bodenstelle und auch nicht ohne Tränenseen…aber gerade.

Herr, wohin sollen wir gehen? Du hast Worte des ewigen Lebens; Dies Wort aus dem 6.Kapitel des Johannesevangeliums wird K. H. zu seiner Konfirmation mit auf den Weg gegeben. Wieder spiegelt sich für mich darin die Frage dessen, der einen Pflug führt. Beim Rückblick: Ist die Furche gut? Und- um sie zu verbessern und gerade zu ziehen, wohin? Wo soll ich langgehen auf diesem Lebensacker?

Ich glaube wirklich, dass es so ist, wie bei einem alten Pflug: Du darfst nicht nach hinten schauen; sonst kommst du nicht weiter. Vielleicht bleibt dir dann über Dinge, die du nie mehr ändern kannst nur noch die Trübsal und dein Herz wird schwer über Verluste, über begangene Fehler, versäumte Gelegenheiten.

Wohin du gehen sollst? Die Antwort lautet: Egal wie viel Steine im Acker deines Lebens verborgen sind und wie schlecht der Boden, der umgebrochen dabei zu Tage kommt- wenn dein Ziel das Reich Gottes ist, das in Jesus angebrochen ist, das ewige Leben, dann wird alles gerade. Denn Jesus selbst geht mit und bereinigt das ungerade und schmerzhafte. Und er tut es nicht erst im Jenseits, sondern schon jetzt. Und er gibt die

Zielmarkierung für deinen Lebenspflug in all den Geschichten, die wir von Jesus hören, in all seinen Worten, seinem ganzen Leben. Sie sind grundsätzliche Richtungsfragen an uns:

Hast du Gutes gesät und auch ein wenig von der Saat aufgehen sehen? Kannst du sagen, du hast etwas geerntet- für dich und für andere? Hast du Respekt gehabt vor dieser Welt, der Schöpfung des Herrn und hast du mitgeholfen, sie zu bewahren? Hast du ein Kind geliebt? Hast du versucht, gerecht zu sein? Hast du Reue zeigen können über begangenes Unrecht und eigene Fehler? Hast Du dein Brot geteilt in Großzügigkeit? War dein Herz voll Erbarmen gegenüber jedermann?

Ich weiß nicht, ob K.H. in diesem Sinne seinen Lebenspflug auf Jesu Fragen und Worte hin geführt hat. Ob dies sein Zielpunkt war. Ich weiß aber, dass wir alle noch leben und diesen Weg gehen könnten. Jesu Weg zum Reich der Himmel im Hier und Jetzt. Sein Wort vor Augen.

Darum schließe ich mit den letzten beiden Strophen des Eingangsgedichtes von Ernst Wiechert:

Und gib, dass ohne Bitterkeit
wir tragen unser Bettlerkleid
und deinem Wort uns fügen.
Und lass uns hinterm Pflüge geh‘ n
solang die Disteln vor uns steh‘ n
und pflügen, und pflügen.
Und führe heut und für und für
durchs hohe Gras vor meiner Tür
die Füße aller Armen.
Und gib, dass es mir niemals fehlt
an dem, wonach ihr Herz sich quält:
ein bisschen Brot und viel Erbarmen.

Lebenslicht

So ein Kabel, liebe Brüder und Schwestern, ist eine interessante Sache. Haben Sie schon einmal darüber nachgedacht? Da gibt es einen Stecker und noch einen und wenn man den einen an irgendwas anschließt, funktioniert irgendwas, geht eine Lampe an oder bin ich im Internet, tut mein Drucker oder lädt mein Handy auf.....Strom. Strom, der durch so ein Kabel fließt, macht es möglich. Eine faszinierende Sache, die ich nie so richtig begriffen habe.....eine Zeitlang habe ich auch immer gesagt: „Was, Strom, ist mir egal, meiner kommt sowieso aus der Steckdose!".

So richtig aufmerksam wird man eigentlich erst, wenn er mal nicht geht. Oder wenn so etwas nicht mehr geht. Weil das Glühdrähtchen in der Birne kaputt ist oder im Stecker drin etwas nicht stimmt oder es eine Sicherung raus gehauen hat.......und wenn es nicht funktioniert, wie wir das brauchen, dann werfen wir es weg: Die kaputte Sicherung, die durchgebrannte Birne, das verschmorte Kabel, den Stecker......Dinge müssen funktionieren, damit wir sie behalten, sie gebrauchen, mit ihnen umgehen können.
Ich habe den Eindruck, liebe Brüder und Schwestern, dass es so wie mit diesen elektrischen Dingen manchmal unter uns ist im Umgang miteinander. Menschen müssen funktionieren!
Sie müssen etwas erbringen, leisten, darstellen. Wer schwach ist, kränkelt, aus irgendwelchen Gründen nicht so funktioniert, den begutachten wir wie eine defekte Birne äußerst skeptisch. Was sollen wir mit einem Menschen anfangen, der nach außen hin nicht das erbringt, was diese Gesellschaft erwartet, was wir erwarten? Wert erbringend muss ein Mensch für uns sein ,d.h. leistungsfähig bis zum Umfallen, perfekt nach innen und außen, so dass wir getrost sagen und auf den Grabstein schreiben können : Sein Leben war Mühe und Plage .Und ob das Leben eines Menschen zum Ziel gekommen ist ,bewerten wir dann- ähnlich wie bei diesen Gebrauchsgegenständen, - daran ,wie gut er gehalten hat und wie wenig er gekostet hat an Zuwendung, an Fürsorge.
B. G., gelernter Elektroinstallateur- hätte uns zu diesem Thema -wohl viel sagen können- doch ist er nur ... Jahre alt geworden. Sein Lebensbirnchen ist in der letzten Woche von einer Stunde zur anderen einfach ausgegangen und wir sagen: Es war zu früh, es war nicht erfüllt; oder wir setzen noch eins drauf und sagen: Selber schuld oder aber (das auch): Wir bleiben mit Bitterkeit und Fragen zurück.
Bemisst sich auch sein Leben daran, wie perfekt es war, hängt sein Wert für uns auch daran, wie alt er wurde und wie pflegeleicht und intakt er war? Wie viel er erbrachte an Volt, will sagen, Leistung?

Blicken wir zurück:

Biographie

Jetzt stirbt er, wer weiß, was er noch hätte erleiden müssen aber: Es ist, liebe Frau G., so unfassbar!

Was sollen wir dazu sagen?

Ein Wort könnte uns weiterhelfen, wenn wir B. Leben und Sterben so an dieser Stelle heute bedenken. Ein Wort aus dem 1.Buch der Könige: Dort heißt es:

Euer Herz sei ungeteilt bei dem Herrn....

Und weiter: *Euer Herz sei ungeteilt bei dem Herrn, unserm Gott, dass ihr wandelt in seinen Satzungen und haltet seine Gebote...*

Euer Herz sei ungeteilt- ja, bei dem Herrn, aber bei welchem Herrn? Ein böser Gott, der da oben sitzt und die Menschen wie Marionetten hin und herschiebt? Ein Gott ,den wir zu fürchten haben wie die Pest ? Ein strafender, richtender? Der uns Krankheit, Tod und Leid als Strafe schickt?

Gott, liebe Brüder und Schwestern, um noch einmal das Bild vom Eingang aufzunehmen, ist - wenn man so will- ein Handwerker der ganz anderen Art.

Für ihn zählt nicht das Funktionieren, das Intaktsein seines Geschöpfes, für ihn zählen nicht der Verkehrswert und die Leistung, die wir erbringen.

Wertvoll sind wir in seinen Augen alle. Kostbar ,jedes einzelnen Stück ,jeder und jede von uns. Kostbar und unersetzbar. Jedes Stück, das verloren geht, beweint er unendlich, und so weint er auch jetzt an dieser Stelle mit uns über den Verlust, den wir zu beklagen haben .Weder schickt er das Leid, noch will er es überhaupt für seine geliebten Geschöpfe.

Und es bemisst sich der Wert eines Menschen für Gott nicht nach Gestalt, Aussehen und Ampère oder Volt oder Leistungsfähigkeit. Einen jeden von uns liebt er und einem jeden von uns denkt er grenzenloses, erfülltes, geglücktes Leben zu und freut sich mit, wenn es gelingt und ist traurig, wenn es in Scherben liegt.

Und damit uns dieses Leben nicht zerbricht und zwischen den Fingern zerrinnt, gibt Gott uns Krücken an die Hände, eine ganz gute Gehhilfe, ein sicheres Geländer im Auf und Ab unserer Tage.

Er gibt sich selbst in seinem Sohn Jesus Christus, unserem Herrn. Er sagt: Haltet euch an mir fest; sucht alleine mich in den Worten und Taten Jesu Christi. Verankert euch in mir, dann werdet ihr gehen können; orientiert euch an meinen Maßstäben, dann werden aus euren Taten gute Werke und in allem, was ihr tut, wird Liebe sichtbar, die den Namen verdient. Sucht allein Gottes Angesicht, macht euch bewusst, dass ihr Geschöpfe seid,

einer so viel wert und so hoch geachtet bei seinem Schöpfer wie der andere. So werdet ihr leben können. Wirklich leben können- ganz egal, was euch geschieht und belastet und bedrückt.
Ich weiß nicht, liebe Brüder und Schwestern, ob B.G. sein Herz so in Gott verankert hat. Niemand von uns kann das wirklich sagen. Wer sieht schon die Innenseiten eines Menschen je wirklich? Wer weiß, worum er gerungen hat und was ihn beschäftigte, wer weiß von seinen Sehnsüchten, enttäuschten Hoffnungen und schwachen Stunden?
Was wir sagen können und glauben ,als Christen glauben, an dieser Stelle ist, dass der Verstorbene jetzt heimgegangen ist zu seinem Schöpfer; er wird in seinem Schoße weiterleben als geliebtes Geschöpf ,wertgeachtet, geschätzt, geborgen, ohne Krankheit und Schmerzen .Ganz im Frieden. Für ihn gibt es kein Leid mehr oder das Gefühl, versagt zu haben, nicht richtig zu funktionieren. Nein, sein Lebensbirnchen leuchtet vor Gott ganz strahlend!
Wir aber, liebe Gemeinde, wir leben hier weiter. Müssen hier weiterleben in dem Wissen, dass Gott uns liebt, wie wir sind, mit allen Macken und Mängeln und Fehlern.
Aber ich denke: Auch mit dem sicheren Geländer seiner Satzungen und Gebote.
Wir hätten noch Zeit danach zu leben. Nicht übereinander zu reden, sondern miteinander. Uns nicht nach Tüchtigkeit und Funktion zu bemessen. Wir hätten noch Zeit, einander Respekt zu erweisen, anzunehmen, zu lieben, als Menschen, die geliebt sind. Tun wir's!

Ein Mensch wie Du und Ich

Unser Lied vom Eingang hat, soweit ich das habe sehen können bei den meisten unter uns Dämme zum Einsturz gebracht...*"ich schau zurück auf eine wunderschöne Zeit"...*[25]so hat unter anderem der Sänger der Gruppe getextet und man muss schon ein Herz aus Eis haben, um an dieser Stelle und an diesem Tag hier nicht zu weinen bei den Worten, wenn wir doch Abschied nehmen müssen und zurückschauen und ein Herz haben voller Erinnerungen. Ja, ich habe es gesehen und gehört: Da sind Dämme gebrochen!
Große Dämme sind auch- wenn gleich in einem anderen Sinne vor tausenden von Jahren gebrochen und zwar am Mittelmeer. Am Ende der Eiszeit, so weiß man heute, schmolzen die Gletscher und der Spiegel der Meere stieg. Auch der unseres wunderschönen blauen Mittelmeeres. Damals entstand- ich weiß es nicht- vielleicht auch die Adriaküste- auf jeden Fall passierte aber noch etwas anderes ,weitaus gewaltigeres: Der Damm zum Bosporus brach und das Meer schwappte über und es entstand jenseits des Mittelmeeres und doch durch seine Wasser bedingt das Schwarze Meer. Viel, viel Wasser. Aber nicht nur, um zu leben, zu fischen, um es zu bestaunen, mit dem Boot zu befahren und zu genießen. Wasser auch, das zerstörte. Dessen Fluten Angst machten.
Menschen verloren Heimat, mussten fort von da, andere ertranken in den Fluten dieses neu entstandenen Meeres.
Die Sagen der Völker rund um das Mittelmeer haben dies Ereignis in ihre Erzählungen aufgenommen. Eine davon steht in der Bibel. Sie berichtet, dass ein Mensch diesem Wasser- dieser Sintflut entkommen ist: Noah. Natürlich deutet die Bibel dies Ereignis auch als Sintflut über das böse Menschengeschlecht, dem ein Gerechter entkommt. Aber das muss uns heute nicht interessieren. Ich möchte bei dem Bild stehen bleiben: Dem Bild, dass es da einen Menschen gab, der einmal eine Aufgabe wahrnahm, anpackte, was anzupacken war, ein Boot baute und mit diesem Boot über die Wasser kam, durch Regen Wind und Sturm hindurch, obenauf, vielleicht mit einem kleinen Siegerlächeln auf den Lippen: He, seht ihr, ich habe keine Angst, he seht ihr, ich werde doch über das bisschen Sintflut hinüberkommen, he seht ihr ,es gibt für mich neues Leben, neues Land.
Und Noah landete auf dem Berg Ararat. Und er bekam ein neues Leben. Jenseits des alten.

[25] Unheilig: Ich schau zurück auf eine wunderschöne Zeit, 2008. Der Song wurde von den Angehörigen im Vorfeld der Trauerfeier bereits ausdrücklich als Introitus zur Trauerfeier gewünscht.

W. H., liebe Brüder und Schwestern ist in der Nacht des vergangenen Ostersonntags gestorben. Sanft hinübergespült worden in ein anderes Leben ,jenseits des bisherigen und wenn ich ihren Liedwunsch vom Beginn richtig deute, liebe Frau B., dann ist es durchaus auch so, dass er für Sie noch ganz lebendig ist und hier und vielleicht neben ihnen.
Und in der Tat glauben wir als Christen das ja auch, dass wir nach dem Tod ein Leben haben, bei Gott, auch einem höheren Niveau sozusagen, weitaus höher noch als der Ararat für Noah dereinst war. Und wir glauben dass dies auch unabhängig geschieht von dem, was wir waren auf Erden, für die Menschen, die wir hinterlassen, für die Taten, die wir vollbracht ,für die Not, die wir erlitten und die Schuld, die wir uns aufgeladen haben. Bei Gott finden wir am Ende einen sicheren Hafen, einen Ankerplatz bis in alle Ewigkeit.
Bis dahin sind wir unterwegs. Im Meer des Lebens. In allen Stürmen und auf den Wogen und manchmal ist es eine Sintflut, durch die wir durch müssen, so wie heute und manchmal sind es wunderbar sonnige Tage auf blauer Unendlichkeit, Tage von denen wir denken, die dürften nie enden.
Und beide Tage, die sonnigen und die trüben und beide Gewässer, die wilden und die ruhigen, die seichten und die Tiefen, all das ist noch in unserem Leben und gab es im Leben von W.H.
Blicken wir zurück:
Biographie
Nun hat, liebe Brüder und Schwestern, Gott den Noah gerettet, weil er ihn als einzigen unter den Menschen für gerecht erfunden hatte.
Ich glaube nicht, dass wir das –wenn wir so sein Leben betrachten- über W.H. sagen können, dass wir das über irgendeinen von uns sagen könnten, dass wir gerecht sind. Ich nicht, Sie nicht.
Die Frage ist, ob uns Gott bei einer Sintflut so retten würde wie er den Noah gerettet hat; ob er uns aus unseren täglichen Sintfluten retten würde, aus den Wassern, in denen unser Leben manchmal ertrinkt.
Vielleicht tut es da. Zunächst einmal ist es aber gut, zu wissen, dass Noah vielleicht vor der Sintflut einmal eine kurze Zeit gerecht und gut war- wobei man sich fragt, wo Gott da hingesehen hat- er war es aber nach der Sintflut auf keinen Fall mehr. Da war er kaum gerettet, bändelt er auch schon mit verschiedenen Frauen an, er feiert Feste, baut Wein an, lässt es sich gut gehen, hat viele Kinder mit vielen Frauen und es wird eigentlich nur einmal berichtet, dass er Gott in einem Gottesdienst angebetet hat…nicht gerade unsere Vorstellung von einem meisterlich gerechten, frommen und edlen Menschen; Noah gibt eher das Bild eines ganz normalen Mannes ab: Einer der schafft, was er kann, der Fehler

macht, der gerne liebt, feiert, und wie Männer eben so sind sicher auch seine sture Sicht der Dinge hat. Noah, so sagt man, war ein Ahnherr, ein Patriarch.

Aber was mich daran beruhigt und was mir gut tut: Gott steht zu diesem Menschen.

Nicht nur, dass er ihn aus der Sintflut errettet hat, nein: Er lässt auch dieses ganze Leben so zu.

Er richtet nicht über Noah und nicht mehr über irgendeinen anderen Menschen, der so ist und so lebt und er richtet damit auch nicht über uns. Die Bibel erzählt, dass Gott am Ende zu Noah sagt:

Solange die Erde steht, soll nicht aufhören Saat und Ernte, Frost und Hitze, Sommer und Winter, Tag und Nacht.

Dies Versprechen gibt Gott Noah und allen Menschen; als Siegel für dies Versprechen setzt er den Regenbogen in die Wolken, der seither erscheint, wenn Wasser den Himmel tränkt und doch die Sonne scheint.

Ein Bild für unser Leben: Nach der Sintflut geht es weiter. Nach den verschlingenden Wassern gibt es neues Leben. Ich glaube, dass es das gibt nach dem Tod, für alle Menschen aber auch schon davor. Nach den vielen Sintfluten im Alltag.

W. H. ist tot. Ich denke, liebe Angehörigen, wie dereinst Noah, hat er die Wasser des Todes überlebt und ankert nun bei Gott. Und für uns, die wir zurückbleiben darf dasselbe gelten:

Egal wo wir stehen, egal, wer wir sind, ob fromm, gerecht, fehlerhaft-egal auch was über uns hereinzubrechen droht: Keine Sintflut ist so groß, dass Gott uns nicht daraus hervorziehen und retten will!

Ob wir es glauben, ist eine andere Sache. Wenn wir es tun, ist es jedenfalls ein großes Geschenk und ein Gedanke, der unser Leben reich macht...und das Leben anderer. Denn es macht uns ein wenig getrost, ein wenig hoffnungsvoll, ein wenig gelassen und humorvoll und das geben wir- ob wir es merken oder nicht- weiter. Und das wäre schlussendlich auch ein Leben auf höherem Niveau...vom Ararat aus gesehen, von der Arche aus gesehen und von Gott ausgesehen, der uns das Leben zudenkt, das den Namen verdient.

Stille Nacht

Drei Szenen, Drei Begegnungen mit B.G. möchte ich Ihnen erzählen an dieser Stelle, Drei Begegnungen, die widerspiegeln, wie ich – und ich denke die meisten hier - sie kannten:
Die erste: Wir stehen vor dem Haus wie in jedem Jahr in der Adventszeit. Wir, eine Gruppe von Sternsängern, die den Menschen, die nicht mehr so aus dem Haus können – oder die aus welchem Grund auch immer, unter einem Kummer leiden- ein Advents- und Weihnachtslied bringen. Vor B. G. `s Haus stehen wir schon immer.
Wir klingeln, sie macht auf, ein Strahlen geht über ihr Gesicht „Kommt rein!" drängt sie und geht voraus. In der gut beheizten Stube wollen wir ihr und bis vor zwei Jahren auch W.G. ein Lied bringen, das Freude macht. „Ja", frage ich- obwohl ich es schon weiß- „was für ein Lied möchten sie denn gerne hören?"
Sie schmunzelt und blickt mich an mit einem Blick, der um Entschuldigung bittet und dennoch stumm ausdrückt: „Muss ich denn das wirklich sagen?" Ich verstehe. Und dann singen wir, wie jedes Jahr: *„Stille Nacht heilige Nacht .Alles schläft, einsam wacht nur das traute hoch heilige Paar, holder Knabe im lockigen Haar. Schlaf in himmlischer Ruh, schlaf in himmlischer Ruh."*
Andächtig sitzt sie dabei und hört mit Tränen in den Augen zu.
Die andere Begegnung: Ich bin noch ziemlich frisch in der Gemeinde. Es ist Winter und ekelhaft nasskalt draußen. Selbst in meinem Auto ist es mir noch zu kalt .Da jagt man keinen Hund raus, denke ich noch, als ich hinauf nach E. fahre. Unterwegs tuckert vor mir ein Traktor die Straße lang. Er ist plötzlich da und er bietet mir keine Chance zu überholen. Während ich noch überlege, was um Himmels willen dieser Traktor jetzt auf der Straße zu suchen hat, entdecke ich im Führerstand dick angezogen zwei ältere Menschen. Weil ich neugierig bin, wer das wohl sein könnte, bleibe ich hinter ihnen, bis sie in den Hof hier in der Dorfstraße einbiegen. Bis zur Unkenntlichkeit eingemummelt begrüßt mich eine kleine gebeugte Gestalt .Es dauert lange, bis ich verstehe: Sie sind mit ihrem alten Traktor einfach beim Einkaufen in W. gewesen. Und sie machen das immer so, und beinahe überall hin.
Noch eine letzte Begegnung: Sie hat Geburtstag. Ich mache mich Tage später auf, sie zu besuchen, in aller Ruhe mit ihr und ihrem Mann zusammenzusitzen. Nach ein paar Minuten des Gesprächs fragt sie: „Darf ich Ihnen etwas zu essen anbieten?" Ich verneine, bitte aber um ein Glas Wasser.
Das Geburtstagskind wird ungnädig: „Das ist mir gar nicht recht, dass sie bei mir nichts essen. Wissen Sie, ich darf ja nicht, ich muss aufpassen mit meinem Zucker; aber Ihnen

darf ich doch etwas bringen?“ Kurz und gut, sie macht solange an mir herum, bis ich dann doch wenigstens ein paar Kekse zu mir nehme. Bevor ich gehe, mahnt sie mich aber mit bekümmertem Gesicht: „Aber das nächste Mal müssen sie wenigstens ein paar Bratwürste mit Kartoffelsalat essen; ich sag‘s den meinen, dass sie etwas herstellen“.....

Drei Begebenheiten, drei Mal B.G. So kennen wir sie:

Ihren Ernst, mit dem sie Gesangbuchlieder und Bibeltexte studierte, auswendig rezitierte oder mit Inbrunst sang- „Stille Nacht“ sogar im Hochsommer. Die Treue, mit der sie dem Frauenkreis angehörte und in die Kirche ging, solange sie nur konnte. Die Frömmigkeit – wohl seit frühester Kindheit anerzogen- die ihrem Leben Grund und Boden, festen Halt gab.

Biographie

Eine große Tragik lag in B.'s Leben wohl in ihrer Diabetes .Sie hat so gerne gegessen und sich doch wegen ihres Zucker auch wieder so einschränken müssen! Es lag ihr viel daran, dass andere essen...das ist bei jedem so, der nicht so richtig reinhauen darf. Ich denke, wir alle hier hätten ihr ein richtig großes Festmahl und die Möglichkeit, nach Herzenslust zu essen so richtig gegönnt. Und in meiner Vorstellung sitzt sie jetzt gemeinsam mit ihrem Mann an Gottes gedecktem Tisch. Umsorgt und geliebt in alle Ewigkeit und alle Schmerzen und alle Tränen werden vergessen sein.

Zu ihrer Konfirmation am ... hat B. ein Wort aus dem 5.Buch Mose mit auf den weiteren Lebensweg bekommen. In Vers 4, Kapitel 32 heißt es: *Gott ist ein Fels. Seine Werke sind vollkommen; denn alles was er tut das ist recht. Treu ist Gott und kein Böses an ihm, gerecht und wahrhaftig ist er.*

Liebe Gemeinde,

Treu ist Gott und kein Böses an ihm, gerecht und wahrhaftig ist er.

Ich bin mir ziemlich sicher, dass alle, die B. G.'s Lebensweg kennen und miterlebten- oder die selbst ein schweres Päckchen zu tragen haben im Leben- drauf und dran sind, diesen Satz doch eher zu verneinen. Was, an Gott soll kein Böses sein? Woher kommt dann meine Krankheit, meine Sorgen, meine Last? Wenn Gott nicht böse ist, wenn er -im Gegenteil- gerecht ist, warum hat er B. dann im Leben nicht nur sonnige Pfade geführt? Warum musste B.‘s Mutter jahrelang so darniederliegen, dass sie rund um die Uhr gepflegt werden musste? Warum ist sie selbst so krank und elend geworden? Warum hat sie den Mann vor zwei Jahren verloren? Muss man denn, wenn man all das besieht, nicht an Gott total zweifeln –und verzweifeln? Was für ein Tyrann und böser Herrscher ist er denn wirklich?

Ich selbst kenne Zeiten, in denen ich mich das angesichts eines Lebensweges auch frage: Ja, wo war da Gott? War er überhaupt da?
Wenn man daran festhält, dass Gott allmächtig ist, wie uns die Zeugnisse des Alten Testamentes belegen, muss man in der Tat zu dem Ergebnis kommen und sagen: Nein, so einen Gott habe ich in diesem oder jenem Menschenleben nicht gesehen. Der war nicht da, hat in himmlischer Ruh geschlafen oder wenn er als Allmächtiger da war, hat er seine Macht aus verschiedenen Gründen nicht walten lassen .Entweder, weil der Mensch böse war, oder weil Gott böse genug war, dem Leid unbarmherzig , als Betrachter von oben sozusagen, zuzusehen.
Seit Weihnachten gibt es diesen Gott aber nicht mehr.
Gott hat beschlossen, seine Allmacht niederzulegen und zu den Menschen zu gehen, um ihnen nahe zu sein im Elend, im Leid, im Sterben .Mehr noch: Um es mit durch zustehen, ja zu teilen. Aus einem allmächtigen Gott wurde in Jesus Christus ein liebender Gott.
Einer, der weiß, der sieht, der versteht und der dabeibleibt.
Was bringt uns das?
Wenn wir das hören oder lesen und dann beiseite legen, bringt das nichts. Uns nicht und den Menschen um uns herum auch nicht. Das will geglaubt werden, damit es auch Kraft in aller Anfechtung gibt, so wie das bei Eurer Mutter und Großmutter zeitlebens war. Vor allem aber will es nachgelebt sein. Der Glaube an einen mitgehenden Gott muss uns selbst zu Mitgehenden machen. Der Glaube an einen liebenden und treu sorgenden, an einen durch tragenden Gott muss aus uns selbst liebende, treu sorgende und durch tragende Menschen machen. Nur so verändert sich unser eigenes Leben und verändert sich das Leben der Menschen neben uns. Wir halten Tränen mit aus, wir bleiben bei einem Sterbenden, wir hören dem Kummer anderer zu, wir nehmen uns Zeit um zu trösten, zu helfen und zu lieben. Wir machen diese Welt menschlicher,
wir machen Gottes Nähe und Treue sichtbar. Er hat –so heißt es ja- keine Hände, als die unseren, um die Hand eines anderen zu halten. Keine Füße als die unseren, um in die Häuser zu gehen .Sein Advent muss in unseren Herzen und in unserem Tun geschehen.
Liebe Gemeinde,
B. G. hat diesem Gott vertraut .Jetzt ist sie tot und aufgehoben bei ihm.
Wir aber leben noch. Wie lange, wissen wir nicht. Zeit ist uns gegeben- mehr oder weniger- um dieser Welt ein anderes Gesicht zu geben, ein menschlicheres, eines, in dem ein liebender Gott zur Sprache kommt, Gestalt annimmt. Ihr habt als Familie der Verstorbenen damit angefangen, als Ihr Eure Mutter so liebevoll gepflegt habt. Euch kann ich nur ermutigen, damit fortzufahren, wo immer es nötig sein wird.

In uns allen aber möge es Weihnachten werden in diesen Tagen, Gottes Ankunft unter den Menschen möge geschehen, dass wir spüren: Wir werden geliebt -und können lieben, wir werden gehalten und können halten, wir werden umsorgt -und können sorgen. Gott ist treu. Er ist da. Mitten unter uns .Es wird nicht dunkel bleiben über denen, die in Finsternis sind. Sein Licht wird aufleuchten .In und durch uns.

Printed by Books on Demand GmbH, Norderstedt / Germany